Mar

C000141271

Svetlana Jovanovic

Maria - Allerheiligste Gottesgebärerin

Die Bedeutung der allerheiligsten Gottesgebärerin in der orthodoxen Kirche und im orthodoxen Religionsunterricht

Reihe Geisteswissenschaften

Impressum / Imprint
Bibliografische Information der Deutschen Nationalbibliothek: Die Deutsche Nationalbibliothek verzeichnet diese Publikation in der Deutschen Nationalbibliografie; detaillierte bibliografische Daten sind im Internet über http://dnb.d-nb.de abrufbar.
Alle in diesem Buch genannten Marken und Produktnamen unterliegen warenzeichen-, marken- oder patentrechtlichem Schutz bzw. sind Warenzeichen oder eingetragene Warenzeichen der jeweiligen Inhaber. Die Wiedergabe von Marken, Produktnamen, Gebrauchsnamen, Handelsnamen, Warenbezeichnungen u.s.w. in diesem Werk berechtigt auch ohne besondere Kennzeichnung nicht zu der Annahme, dass solche Namen im Sinne der Warenzeichen- und Markenschutzgesetzgebung als frei zu betrachten wären und daher von jedermann benutzt werden dürften.

Bibliographic information published by the Deutsche Nationalbibliothek: The Deutsche Nationalbibliothek lists this publication in the Deutsche Nationalbibliografie; detailed bibliographic data are available in the Internet at http://dnb.d-nb.de.
Any brand names and product names mentioned in this book are subject to trademark, brand or patent protection and are trademarks or registered trademarks of their respective holders. The use of brand names, product names, common names, trade names, product descriptions etc. even without a particular marking in this work is in no way to be construed to mean that such names may be regarded as unrestricted in respect of trademark and brand protection legislation and could thus be used by anyone.

Coverbild / Cover image: www.ingimage.com

Verlag / Publisher:
AV Akademikerverlag
ist ein Imprint der / is a trademark of
OmniScriptum GmbH & Co. KG
Heinrich-Böcking-Str. 6-8, 66121 Saarbrücken, Deutschland / Germany
Email: info@akademikerverlag.de

Herstellung: siehe letzte Seite /
Printed at: see last page
ISBN: 978-3-639-62891-3

ZUSAMMENFASSUNG

In der orthodoxen Kirche hat die allerheiligste Gottesgebärerin eine hohe Bedeutung, die sie durch ihre Persönlichkeit erlangt hat. Dadurch genießt sie die Verehrung und Achtung der Kirche. Sie wird auch die Mutter der Kirche und der Gläubigen genannt. Als Mutter Gottes, die der Menschheit die Gegenwart Gottes offenbarte, bewirkte sie den Glauben der Menschen an Gott. Als Symbol der Demut und Gehorsamkeit ist sie die größte Hoffnung der christlichen Kirche für die Befreiung der gesamten Menschheit. Obwohl die allerheiligste Gottesgebärerin einen sehr hohen Stellenwert im christlichen Glauben hat, existieren sehr wenige schriftliche Nachweise über ihr Leben und ihre Bedeutung. Sie gebar den Sohn Gottes, widmete ihr eigenes Leben dem Herrgott und schenkte ihm ihren Gehorsam und ihre volle Hingabe. Es gibt zahlreiche Feiertage zu ihrem Ehren und sie wird sowohl im Religionsunterricht, als auch in Predigten geehrt und erwähnt. Ihre Geschichte wird fast nur durch Übertragungen weitergegeben.

Diese Arbeit soll aufzeigen, welche Bedeutung die allerheiligste Gottesgebärerin für den orthodoxen Glauben hat. Außerdem stellt sie dar, wieso der orthodoxe Glauben ohne die Erwähnung der allerheiligsten Gottesgebärerin nicht vorstellbar ist.

SUMMARY

The Most Holy Theotokos is very important in the Orthodox Church. Due to her great personality she enjoys significant veneration and respect in church. She is also known as the Mother of The Church and the Mother of The Believers. As the Mother of God, who revealed the presence of God to mankind, she awoke men's faith in God. As symbol of humility and obedience she represents the greatest hope for the Christian church in the salvation of humanity. Although the Most Holy Theotokos plays an essential role in Christianity, there are only few documentary proofs about her life and her importance. She gave birth to the Son of God, devoted her own life to the Lord and followed him with obedience and total commitment. There are numerous feasts in honor of Mary and her name ist glorified and frequently mentioned not only in preachments but also in religious education. Her story is almost only passed through transmission.

This work is supposed to point out the importance of the Most Holy Theotokos in the Christian church. It also shows why the orthodox creed is considered unthinkable without honoring the Mother of God.

VORWORT

In der vorliegenden Arbeit wird die allerheiligste Gottesgebärerin, ihr Leben, die Feste zu ihren Ehren, Ikonen und Hymnen vorgestellt. Ihre Bedeutung wird über die Allerheiligsten der Heiligen, sogar über die der Engel, gestellt, nicht zuletzt weil sie den Sohn Gottes geboren hat. Durch verschiedene Formen der Feste, Feiertage und Ikonen wird sie geehrt. Insbesondere in der Ikonografie hat sie einen großen Stellenwert erlangt, sowie auch in der göttlichen Liturgie. Durch sie als Person und ihre Persönlichkeit versucht die Kirche die Menschheit zu erlösen und ewiges Leben zu erreichen. Sie ist die Brücke zwischen Himmel und Erde. Durch sie bekommt die Menschheit die Hoffnung für ewiges Leben und Erlösung. Als jemand, der das Leben Gott und dem Dienst an Gott richtete, verdiente sie in der Kirche durch kirchliche Traditionen große Wertschätzung. Warum sie dies alles erreichte, hat mich persönlich von Kindesbeinen an, meinen ersten Besuchen in der Kirche, sehr interessiert.

Für die Unterstützung bei der Be- und Erarbeitung dieser Arbeit möchte ich mich herzlichst bei meiner Betreuerin, Mag. Marija Jandrokovic, Bereich Religionspädagogik, welche mir sehr bei der Auswahl meines Themas und des Teilbereiches geholfen hat, und meinem Betreuer, Dr. Nicolae Dura, Bereich orthodoxe Theologie, bedanken. Ebenso bedanke ich mich bei meiner Familie, insbesondere bei meinem Sohn, Zeljko Jovanovic, die mich stets unterstützt hat.

Weiters bedanke ich mich herzlichst beim Priester, Sretoje Dusanovic, welcher mich bei der Literaturrecherche unterstützt und mir sehr wertvolle Tipps gegeben hat.

Inhaltsverzeichnis

1 Problemaufriss und Zielsetzung

Heutzutage fehlt es den Menschen per Definition an wahren Vorbildern. Die Menschheit orientiert sich heutzutage sehr nach medialen Ereignissen und fiktiven Menschen. Diese fiktiven Menschen bzw. fiktiven Vorbilder weisen kaum moralisch gute Eigenschaften, die in der Bibel aufgezählt werden, auf. Jedoch wird ein Vorbild per Definition schon von Kindesbeinen an verlangt. In der Schule und eben auch im Religionsunterricht wird die allerheiligste Gottesgebärerin sehr oft erwähnt und ihre Verehrung den Kindern nahe gebracht. Die Informationen und Geschichten, die über sie bekannt sind, sind weniger durch die Bibel, sondern vielmehr durch kirchliche Traditionen bewahrt und in die heutige Zeit überliefert worden. Nun gilt es herauszufinden, ob diese Verehrung gerechtfertigt ist.

Noch im Paradies versprach Gott den Menschen, dass er sie vom Tod und der Sünde erlösen wird. Das vermittelte er durch seine zahlreichen Propheten. Um seinen Plan zu erfüllen, wählte Gott ein Mädchen namens Maria. Sie lebte in Nazareth ein frommes Leben nach Gottes Geboten. Sie lebte mit dem Glauben und die Hoffnung an Gott und mit dem Glauben an seine Kraft. Sie las viel und gab sich Gott ganz hin. In der orthodoxen Kirche wird sie besonders verehrt für die Errettung der Menschheit, indem sie ihr eigenes Leben Gott schenkte und durch ihren Leib Gott für die Menschen sichtbar gemacht hat. Sowohl in guten als auch in schlechten Zeiten hat sie sich nie von Gott abgewandt und ist ihm stets treu geblieben. Ihre Verehrung zeigt sich durch verschiedene Feste und Feiern zu ihren Ehren. Die Feste widmen sich verschiedenen Ereignissen ihres Lebens, aber auch Ereignissen über ihre Entschlafung hinaus.

Auf den Ikonen wird sie dargestellt, um ihre jungfräuliche Schönheit und ihre Sorge um ihren Sohn, Jesus Christus, zu zeigen. In kirchlichen Liedern und Gebeten werden ihre Tugenden und Vorzüge dargeboten. Durch diese Übertragungen wird uns ein beispielhafter Lebensweg angezeigt. Außerdem wird ihre Persönlichkeit und Bedeutung nicht nur durch die zahlreichen Feste und Feiern, sondern auch durch die wundertätigen Ikonen, Gebete und Hymnen hervorgehoben. Als eine besondere und einzigartige Frau bekommt sie außerdem in der orthodoxen Kirche und im orthodoxen Religionsunterricht eine große Bedeutung. Viele Themen im Religionsunterricht handeln von ihr, ihren Tugenden und Eigenschaften.

Durch kirchliche Traditionen wurde ihre Geschichte über 2.000 Jahre festgehalten und in die Gegenwart überliefert. Sie schafft es heute noch die Menschen einander näher zu bringen und den Schülern und Schülerinnen im Religionsunterricht Hoffnung und Geborgenheit zu schenken.

Sie bekam das Attribut einer steten Jungfrau, da sie vor, während und nach der Geburt Jesu Christi als Jungfrau galt. Der Heilige Geist nistete sich in ihr nieder und so blieb sie eine junge Frau. Das zeigen uns zahlreiche Ikonen, die verschiedene ihrer Lebensereignisse beschreiben und dies durch verschiedene Darstellungen symbolisieren. Im Religionsunterricht gibt es verschiedene Möglichkeiten bzw. Methoden das Thema der allerheiligsten Gottesgebärerin aufzubereiten. Die Auswahl der Methode ist sehr bedeutsam für den Unterricht und ist abhängig von der Lehrkraft.

Das Ziel dieser Arbeit ist es herauszufinden, weshalb die allerheiligste Gottesgebärerin so eine große Bedeutung für den orthodoxen Glauben hat. Durch ihre vielen Tugenden und ihre Lebensart ist sie stark mit der Kirche verwurzelt. Diese Arbeit wird zeigen, dass der orthodoxe Glauben ohne die Erwähnung der allerheiligsten Gottesgebärerin nicht vorstellbar ist. Außerdem beschreibt diese Arbeit wie sie gelebt hat, welche Situationen sie schon durchlebt hat und wie sie, wie schon erwähnt, an zahlreichen Feiertagen verehrt und ihr in der orthodoxen Kirche eine sehr große Bedeutung zugeschrieben wird.

2 Das Leben und die Feste der allerheiligsten Gottesgebärerin

Die allerheiligste Gottesgebärerin hat in der orthodoxen Kirche ein sehr hohes Ansehen. In der Bibel wird sehr wenig über ihr Leben berichtet. Generell gibt es über Maria sehr wenige Informationen. Die Geschichten und Informationen, die wir von Maria haben, wurden im Rahmen kirchlicher Traditionen und Erzählungen in die heutige Zeit übertragen. Viele Feste werden in der Kirche zu Ehren Marias gefeiert. Im Lauf der Entwicklung und Geschichte der Kirche wurden auch die Feiertage, die sie betreffen, immer wichtiger. Im folgenden Kapitel wird der Fokus auf ebendiese gelegt und das Leben der allerheiligsten Gottesgebärerin beleuchtet. Es werden die markantesten Ereignisse von ihrer Geburt weg bis zu ihrer Entschlafung erläutert.

2.1 Marias Eltern Joachim und Anna

Marias Eltern stammen aus einer kleinen Stadt namens Nazareth in Galiläa, wobei Marias Vater Joachim aus einer königlichen Familie stammte und ihre Mutter Anna aus dem Geschlecht des Hohepriesters Aaron. Sie besaßen einen großen Reichtum und waren sehr gläubig. Sie haben sich dennoch stets um die Armen in ihrer Umgebung gekümmert.[1] Die beiden waren aufgrund ihre Frömmigkeit und ihrer Lebensart ein Vorbild für andere. Da sie jedoch ein kinderloses Ehepaar waren, wurden sie als Teil der Gesellschaft nicht wertgeschätzt.[2] Sie opferten regelmäßig einen Teil ihres Vermögens dem Tempel, dennoch blieben Joachim und Anna sehr lange Zeit kinderlos und litten sehr darunter.

2.2 Die Empfängnis der allerheiligsten Gottesgebärerin

Als Joachim an einem der Festtage einen Teil seiner Reichtümer dem Tempel schenken wollte, lehnte dies der Priester Issichar ab, weil Joachim nach fünfzig Jahren Ehe immer noch kinderlos war. Er sah die Kinderlosigkeit als eine Folge einer Sünde an. Anna und Joachim waren durch diese Ablehnung zutiefst verletzt, bis schließlich ein Engel des Herrn Anna erschien, der sagte:

---

[1] vgl. LORGUS/DUDKO (2001), 167
[2] vgl. RANKOVIC (1993), 31

„Du wirst empfangen und eine Tochter gebären, die gesegnet und größer als alle sein wird. Durch sie werden auch alle Völker der Erde gesegnet werden. Durch sie wird allen Menschen das Heil zuteilwerden. Ihr Name wird Maria sein."[3] Joachim, der in seiner Trauer versunken in die Wüste gegangen war, erschien gleichzeitig ebenfalls ein Engel des Herrn. Er sagte:

> „Joachim! Gott hat dein Gebet erhört, es gefällt Ihm, dir Seine Gnade zu schenken. Deine Frau Anna wird empfangen und dir eine Tochter gebären, die der ganzen Welt zur Freude gereichen wird. Dies soll ein Zeichen sein, dass ich die Wahrheit spreche: Geh zum Tempel von Jerusalem, dort, bei der Goldenen Pforte, wirst du deine Frau Anna finden, der ich dasselbe gesagt habe."[4]

Die Empfängnis der allerheiligsten Gottesgeburt durch Anna wird nach dem neuen Kalender am 22. September und nach altem Kalender am 9. September gefeiert. Am Ende jeder göttlichen Liturgie in der orthodoxen Kirche werden auch die Namen ihrer Eltern, Anna und Joachim, erwähnt.[5]

2.3 Marias Geburt

Gott ließ sich herab in Annas Leib, um durch die Geburt ihrer Tochter Maria die Menschheit zu erlösen.[6] Als Anna eine Tochter gebar, brachte Joachim anlässlich der Geburt Marias Gott große Gaben dar und erhielt daher auch den Segen der Priester. Nach so vielen Jahren des Wartens freuten sich Anna und Joachim sehr über die Geburt ihrer Tochter Maria, die das reinste und gesegnetste aller Geschöpfe ist. Sie stellt den Anfang unseres Heils dar und ist Fürsprecherin vor Gott. Nicht nur ihre Eltern, sondern auch Himmel und Erde freuten sich über die Geburt Marias.[7]

Maria, die allerheiligste Gottesgebärerin, ist trotz allem die Tochter von Menschen, also ist sie irdischer Herkunft. Das verbindet sie mit den Menschen.[8] Die orthodoxe Kirche feiert die Geburt Marias seit dem 4. Jahrhundert. Dieses Fest stellt das erste der zwölf Hauptfeste des Kirchenjahres dar, da das Kirchenjahr nach altem Kalender am 1. September beginnt. Die Kirche drückt ihre Freude in einem Hymnus über das Fest aus:

---

[3] vgl. LORGUS/DUDKO (2001), 167
[4] Vgl. LORGUS/DUDKO (2001), 167
[5] Vgl. EP. DANILO/EP. ATANASIJE (1988), 24
[6] Vgl. DR. ATANASIJE (1978), 163
[7] LORGUS/DUDKO (2001), 167f
[8] Vgl. LORGUS/DUDKO (2001), 167f

13

Troparion, 4. Ton:

„Deine Geburt, Gottesgebärerin, Jungfrau, hat der ganzen Welt Freude angekündigt: denn aus Dir ist die Sonne der Gerechtigkeit, Christus, unser Gott, aufgestrahlt. Er löste den Fluch und den Segen; er hob den Tod auf und gab uns das ewige Leben. "[9]

Kondaktion, 4. Ton:

„Joachim und Anna wurden von der Schmach der Kinderlosigkeit, und Adam und Eva von der Verwesung des Todes befreit in Deiner heiligen Geburt, o Allerreinste. Dieselbe feiert aus dein Volk, von der Schuld der Missetaten erlöst, indem es Dir zuruft: Die Unfruchtbare gebiert die Gottesgebärerin, die unser Leben nährt."[10]

Das Fest wird in der orthodoxen Kirche nach dem neuen Kalender am 21. September und nach dem alten Kalender am 8. September gefeiert.

2.4 Einführung Maria in den Tempel

Die Jungfrau Maria wurde, wie Anna und Joachim es Gott versprochen hatten, im Alter von drei Jahren im Tempel in den Dienst gestellt. Sie riefen ihre Verwandten herbei und schmückten die Jungfrau mit königlicher Pracht. Nach drei Tagen kamen sie zum Tempel in Jerusalem. Hier wurden sie von den Tempelpriestern mit Gesang empfangen. Vor dem Tempel waren 15 Stufen zu besteigen, eine Zahl, die den Stufenpsalmen entsprach. Als die Eltern ihre Tochter Maria auf die erste Stufe stellten, beobachteten sie überrascht, dass Maria mit schnellen Schritten bis zur letzten Stufe hinaufkam. Währenddessen sah der Hohepriester Zacharias durch eine Gotteserleuchtung Marias Zukunft voraus. Maria wurde von dem Hohepriester durch den Tempel geführt. Sie durfte auch hinter den zweiten Vorhang, obwohl es nicht nur den Frauen, sondern auch den Priestern nicht gestattet war, diesen Ort zu betreten. Es war lediglich dem Hohepriester einmal im Jahr erlaubt. Maria blieb in dem Tempel: Ihre Zeit verbrachte sie hier betend und fastend. Joachim und Anna kehrten mit ihren Verwandten zurück nach Nazareth.[11] Gott macht kinderlose Ehepaare glücklich, er befreit sie aus Not und Unterwerfung. Gefangene befreit Gott aus der Gefangenschaft vom Leid. Das

---

[9] LORGUS/DUDKO (2001), 167
[10] LORGUS/DUDKO (2001), 167
[11] LORGUS/DUDKO (2001), 175

Vertrauen Joachims und Annas gibt auch vielen Menschen Hoffnung und Kraft, in ihrer religiösen Lebensweise etwas zu erreichen.[12]

Ein junges Mädchen wird von seinen Eltern ins Gotteshaus gebracht. Dies war in jener Zeit nicht unüblich, viele Familien taten es. Man hoffte, dadurch Gott näherzukommen und, dass die Kinder die richtigen Werte vermittelt bekommen. Als Maria ihre Einführung in den Tempel hatte, durfte sie das geheimnisvolle und heilige Innere des Tempels ansehen. Wir Christen glauben, dass dieses Mädchen in späteren Jahren die Mutter Jesu Christi sein wird: Durch Maria ist Gott selbst auf die Welt gekommen, um seine Gottheit zu offenbaren. Menschen haben bis dahin versucht, mit Gott durch einen Tempel in Berührung zu kommen und daher wurde Maria auch zur Lehre über Gott in einen Tempel geschickt. Seit der Einführung Marias in den Tempel stellt aber nicht nur ein Gebäude die Verbindung zu Gott dar, sondern Maria selbst, also ein Mensch, wurde zum lebenden Tempel geboren: Maria wurde in den Jahren, die sie im Tempel verbrachte, selbst zum Tempel. Mit dem Fest ihrer Einführung werden auch der göttliche Sinn des Menschen, seine Dimension und die Klarheit seiner Berufung gefeiert.[13]

Das Fest wird in der orthodoxen Kirche am 4. Dezember und nach dem alten Kalender am 21. November gefeiert. Dieses Ereignis, also die Einführung Mariens, wird in der orthodoxen Kirche als Marienfest gefeiert. Im Osten wurde es bereits im 7. Jahrhundert gefeiert. Etwa im 8. Jahrhundert wurde es nach dem Zeugnis des Patriarchen von Konstantinopel Germanos I. aus Jerusalem nach Konstantinopel gebracht. Im 14. Jahrhundert fand die Begehung dieses Festes unter Papst Gregor XI statt.[14]

Troparion, 4. Ton:

> „Heute ist der Beginn des Wohlgefallens Gottes und die Ankündigung der Erlösung der Menschen; im Tempel Gottes erscheint deutlich die Jungfrau, und verkündet allen den Gesalbten voraus. Zu ihr wollen auch wir mit lauter Stimme rufen: Freue Dich, Du Erfüllung der Vorsehung des Schöpfers!"[15]

Kontakion, 4. Ton:

---

[12] Vgl. SCHMEMANN (2010), 31ff
[13] Vgl. SCHMEMANN (2010), 31ff
[14] Vgl. LARENTZAKIS (2001), 113
[15] LORGUS/DUDKO (2001), 167

„Der allreine Tempel des Erlösers, das kostbare Gemach und die Jungfrau, die heilige Schatzkammer der Herrlichkeit Gottes wird heute in das Haus des Herrn eingeführt. Sie führt mit ein die Gnade im göttlichen Geiste; die Engel Gottes besingen sie; sie selbst ist die himmlische Wohnstätte!"[16]

2.5 Maria Verkündigung

Maria blieb bis zu ihrem fünfzehnten Lebensjahr im Tempel und nach den Bräuchen der damaligen Zeit musste sie nach Hause zurückkehren und heiraten. Inzwischen lebten ihre Eltern nicht mehr und daher übernahmen die Priester die Verantwortung für sie. Sie verkündete den Priestern, ein Gelübde abgelegt zu haben, nur Gott allein zu dienen und dass sie sich daher nicht wünschte zu heiraten. Die Priester befanden sich in einer Zwickmühle: Es war nämlich gegen die Sitte, sie im Tempel zu lassen, aber sie trauten sich auch nicht, sie zu eine Ehe zu zwingen, da sie aus einem gewichtigen Grund dagegen gewesen sei. Die Priester beteten daher um eine Antwort Gottes und erhielten diese auch: Es sollte ein ehrfürchtiger Mann aus dem Geschlecht Davids gefunden werden, um den Anschein zu erwecken, eine Ehe zu führen, damit die heilige Jungfrau Maria ihre Reinheit bewahren und weiter Gott allein treu sein könnte.[17] Später wurde der Engel Gabriel von Gott zu Maria gesandt, um Folgendes zu verkünden:

„Sei gegrüßt, du Begnadete, der Herr ist mit dir." (Lk 1, 28)

Maria erschrak und dann sagte der Engel zu ihr:

„Fürchte dich nicht, Maria; denn du hast bei Gott Gnade gefunden. Du wirst ein Kind empfangen, einen Sohn wirst du gebären: dem sollst du den Namen Jesus geben. Er wird groß sein und Sohn des Höchsten genannt werden. Gott, der Herr, wird ihm den Thron seines Vaters David geben. Er wird über das Haus Jakob in Ewigkeit herrschen und seine Herrschaft wird kein Ende haben." (Lk 1, 30-33)

Maria antwortete:

„Wie soll das geschehen, da ich keinen Mann erkenne?" (Lk 1, 34)

Der Engel erwiderte:

---

[16] LORGUS/DUDKO (2001), 176
[17] Vgl. LORGUS/DUDKO (2001), 147f

16

„Der Heilige Geist wird über dich kommen, und die Kraft des Höchsten wird dich überschatten. Deshalb wird auch das Kind heilig und Sohn Gottes genannt werden." (Lk 1, 35)

„Denn für Gott ist nichts unmöglich." (Lk 1, 37)

Maria entgegnete:

„Ich bin die Magd des Herrn; mir geschehe, wie du es gesagt hast." (Lk 1, 38)

Danach verließ sie der Engel.

Der göttliche Bote begrüßte Maria als eine Begnadete und verkündete, dass Gottes Kraft an ihr gezeigt werden würde. Durch ihre Zustimmung wird überhaupt erst die vaterlose Zeugung eines göttlichen Sohnes möglich. Empfängnis und Bildung des Leibes Jesu Christi in ihrem jungfräulichen Leib nahm erst durch ihre Einwilligung ihren Anfang. Gerade an dem Tag, als es Maria verkündet wurde, sandte Gott durch seine Boten die heilsbedeutende Botschaft. Durch Maria ist es möglich, den Heilsplan Gottes, also die Rettung des Menschengeschlechtes, zu verwirklichen.

Durch dieses Ereignis wurde den Menschen die Wahrheit bewusst, die in dem Gruß des Engels an die junge Frau verborgen war. Die Worte, die Maria mitgeteilt wurden, erneuerte die Welt der Menschen und erschütterte ihre Herzen. Im Osten wird ein Fest zu Ehren dieses Ereignisses seit Mitte des 6. Jahrhunderts gefeiert und wurde durch Bischof Abramios von Epheseus bestätigt. Mitte des 7. Jahrhunderts begann man, dieses Fest auch im Westen (Spanien) zu feiern.[18]

Troparion, 4. Ton:

„Heute ist der Anfang unserer Erlösung und die Offenbarung des Geheimnisses von Ewigkeit her. Gottes Sohn wird als Sohn der Jungfrau geboren und Gabriel bringt die frohe Botschaft der Gnade. Deshalb rufen auch wir mit ihm der Gottesgebärerin zu: Freue Dich, Du Gnadenerfüllte, der Herr ist mit Dir!"[19]

Kontakion, 8. Ton:

„Dir, der überlegen kämpfenden Heerführerin, bringen wir, Deine vom Bösen befreiten Diener, dankerfüllte Siegeslieder dar, o Gottesmutter! Du, deren Macht

---

[18] LARENTZAKIS (2001), 113-114
[19] LORGUS/DUDKO (2001), 150

unüberwindlich ist, errette uns aus allen Gefahren, damit wir zu Dir rufen: Sei gegrüßt, Du unvermählte Braut!"[20]

In der Kirche wird die Begeisterung darüber verkündet, dass durch Maria die Unwahrheit überwunden ist und die Menschen die himmlische Berufung fanden. Damit wird auch gefeiert, dass die Menschheit Gnade bei Gott erlangt hat. In Maria, der allerheiligsten Gottesgebärerin, kommt Gott nicht auf eine übernatürliche Weise, sondern als ein wehrloses Kind, das aber alles Böse auf der Welt bekämpfen wird, zur Welt. Die Geburt Christi dient allen Festen, die man für Maria feiert, als Fundament.[21] Das Fest wird in der orthodoxen Kirche am 7. April und nach dem alten Kalender am 25. März gefeiert.[22] Dieses Ereignis wurde nur vom Evangelisten Lukas niedergeschrieben (1, 26-38).[23]

2.6 Marias Verlobung mit Joseph

Die allerheiligste Gottesgebärerin lebte in Josephs Haus und blieb ihrem Gelübde treu, sie fastete und betete. Für das Weltliche hatte sie kein Interesse, denn sie verbrachte den Großteil ihrer Zeit zu Hause. Als Joseph erfuhr, dass Maria schwanger war, überraschte ihn dies nicht nur sehr, sondern er hatte auch vor, die Verlobung aufzulösen und Maria zu verlassen. Im Traum erschien ihm ein Engel und erklärte ihm:[24]

> „Joseph fürchte dich nicht, Maria zur Frau zu nehmen. Denn das Kind, das sie empfangen hat, ist vom Heiligen Geist. Du sollst Ihm den Namen Jesus geben, das bedeutet: Gott rettet. Denn Gott will durch Ihn Sein Volk erretten." (Mt. 1, 18-25)

Von der Inkarnation und Geburt des Messias erfährt Marias Verlobter durch einen Engel und um die Anweisungen des Engels zu befolgen, stellt er seine Lebensweise darauf ein. Joseph ist ein gerechter, gottesfürchtiger Mann, der Gottes Gesetze zu erfüllen versucht und er lässt Maria nicht alleine. Er hält sich strikt an seinen Glauben und Gottes Gebote. Als jemand, der Gottes Gesetzen und Psalmen des Propheten folgt, stand er auch Maria zur Seite. Er nimmt Maria und dadurch auch das Kind, mit der Kraft des Heiligen Geistes und durch die Gnade Gottes, zu sich und wird zum Beschützer der beiden. Er hofft auf den Traum, dass dieses Kind zum Retter seines Volkes werden würde. Joseph nimmt seine Träume als ein Mittel wahr, das ihm den zu verfolgenden Weg zeigen würde und glaubt auch an die

---

[20] LORGUS/DUDKO (2001), 150
[21] Vgl. SCHMEMANN (2001), 37f
[22] Vgl. LORGUS/DUDKO (2001), 147f
[23] Vgl. MILOSEVIC (2004), 166
[24] Vgl. VLADIKA NIKOLAJ (2000), 942

Verheißungen, die Gott seinem Volk im Laufe der Zeit gegeben hat. Wie auch Maria ist Joseph bereit, das Wort und die Macht Gottes ans Licht bringen zu helfen, da er eine gründliche Änderung seines Volkes erwartet. Gott sorgte für Maria, indem er für sie einen Mann aussuchte, durch den sie unterstützt wurde.[25] Danach folgte Joseph dem Engel und akzeptiert Maria als seine Frau.

2.7 Maria besucht Elisabeth

Dieses Ereignis wird im Evangelium berichtet (Lk, 1,39-56). Nachdem der Engel Gabriel Maria erschienen war, besuchte Maria ihre Verwandte Elisabeth, die im Bergland von Judäa wohnte und im 6. Monat schwanger war, damit sie sich gegenseitig unterstützen konnten. Sie verstehen sich sehr gut. Elisabeth ist eine alte schwangere Frau und Maria eine unverheiratete, junge schwangere Frau, aber sie wird von Elisabeth als Gottesgebärerin des Herrn erkannt und unterstützt. Sie spürte die Wahrheit über Maria und vertraute auf die Verheißung Gottes. Als Elisabeth sie zum ersten Mal sah, wurde sie vom Heiligen Geist erfüllt und sagte begeistert:[26]

„Gesegnet bis du, Maria, und gesegnet ist das Kind in deinem Leib. Selig bist du, weil du geglaubt hast, was Gott dir gesagt hat." (Lk 1, 26-38)

Dies überraschte Maria sehr und sie erwiderte:

„Meine Seele preist die Größe des Herrn und mein Geist jubelt über Gott, meinen Retter. Bis jetzt war ich eine unbedeutende Magd, aber Gott hat mich gesehen und an mir ein großes Wunder vollbracht. Von nun an werden mich alle Menschen selig preisen." (Lk 1, 39-56)

Bei Elisabeth blieb Maria drei Monate lang. Sie wurde bei ihr herzlich aufgenommen und als ein willkommener Gast betrachtet. Dies war für Maria eine große Hilfe. Durch ihre Worte ermutigte Elisabeth Maria. Einmal sagte Elisabeth:[27]

„Wer bin ich, dass die Mutter meines Herren zu mir kommt?" (Lk, 1, 42-43)

---

[25] VLADIKA NIKOLAJ (2000), 942
[26] LORGUS/DUDKO (2001), 137f
[27] LORGUS/DUDKO (2001), 137f

19

2.8 Die allerheiligste Gottesgebärerin gebar das Gotteskind

Die Vorsehung Gottes wird durch Maria erfüllt und ein heiliges Geschöpf wird auf die Welt gebracht. Dieses Ereignis wird so beschrieben:

> „Als sie dort in Betlehem waren, kam für Maria die Zeit ihrer Niederkunft, und sie gebar ihr Sohn, den Erstgeborenen. Sie wickelte ihn in Windeln und legte ihn in eine Krippe, weil in der Herberge kein Platz für sie war." (Lk, 2,6-7)

Der römische Kaiser Augustus hatte damals vor, in seinem ganzen Reich eine Volkszählung durchzuführen und Maria war als Mitglied eines unterdrückten Volkes sowie als Josephs Verlobte, da Joseph aus Nazareth stammte, gezwungen, in eine ferne Stadt zu reisen, um gegenüber dem Staat gehorsam zu bleiben. In Betlehem war für sie kein Platz für die Übernachtung zu finden. Sie mussten daher die Nacht in einem kalten Stall verbringen. In dieser Nacht gebar Maria ihren Sohn und durch die Kraft des Heiligen Geistes geschah dies, ohne dass sie Schmerzen zu ertragen hatte. Diese Nacht war von sehr großer Bedeutung und es waren himmlische Erscheinungen zu sehen, die mit dem Gesang der Engel beschrieben werden können:[28]

> „Verherrlicht ist Gott in der Höhe und auf Erden ist Friede, bei den Menschen seiner Gnade." (Lk, 2,14)

Diesen Gesang hörten Hirten, also schlichte Menschen, und sie liefen hin, um dem Sohn Gottes zu huldigen. Die Hirten erzählten Maria von dem Gesang, den sie gehört hatten, und Maria war sehr berührt. Die frohe Botschaft bezieht sich auf die Geburt des Sohnes Gottes, der als Retter auf die Erde kam und Maria machte sich auch mehr Gedanken darüber, welche Bedeutung dieser Gesang haben sollte. Marias Kind wurde, wie viele jüdische Kinder damals auch, in Armut und Unterdrückung hineingeboren.

Wie auch bei der Verkündigung war Maria von dem Wort und dem Willen Gottes überrascht und sie erkannte, dass sie durch die Geburt des Sohnes Gottes eine große Aufgabe auf sich genommen hatte. Am Himmel war ein ungewöhnlicher Stern zu beobachten – bereits vor Jesu Geburt. Man bemerkte ihn und begann zu rätseln, wieso er erschienen war. Der Weihnachtsstern tauchte genau in dem Augenblick auf, als der Engel Gabriel Maria die

---

[28] LORGUS/DUDKO (2001), 137 f

Verkündigung überbrachte, berichtete der Heilige Vater Dimitrus Rostovski.[29] Drei von den Weisen, die sich die Erscheinung eines neuen Sterns nicht erklären konnten, wurden von Gott darüber belehrt, dass diese Himmelserscheinung Jesu Geburt, die Geburt des Königs des Himmels und der Erde, ankündigte. Die drei Weisen stammten aus verschiedenen Regionen: einer aus Persien, der zweite aus Arabien und der dritte aus Äthiopien.[30] Jeder ging aus seinem Land fort und eilte in Richtung dieses Sterns, da nur sehr wenig Zeit bis zu Christi Geburt blieb. Sie trafen auch unterwegs zusammen und glaubten fest an das, was ihnen durch Gott kundgetan worden war, nachdem sie von ihrem gemeinsamen Ziel erfahren hatten. Sie erreichten den Geburtsort Christi genau am Tag seiner Geburt. Über die Geburt des Kindwa, vor allem die Kenntnisse und Hoffnungen auf die Verheißungen der Schriften und Zeichen des Himmels lesen wir:

> „Sie traten in das Haus ein und schauten das Kind mit seiner Mutter Maria, fielen nieder und huldigten ihm. Dann öffneten sie ihre Schätze und brachten die Geschenke dar: Gold, Weihrauch und Myrrhe." (Mt. 2,11)

Herodes, der zu jener Zeit über das Land, in dem Christus geboren wurde, herrschte, erfuhr, dass Weise aus dem Osten gekommen wären, die in ihren Ländern angesehene Menschen und auch Herrscher wären und nach einem gewissen „neuen König" fragten. Dies überraschte Herodes sehr, daher ließ er alle Gelehrten und Priester zu sich kommen und erkundigte sich darüber, wo dieser „neue König" geboren worden sein sollte. Nachdem er über den Geburtsort des Messias Bescheid wusste, ließ er die Weisen zu sich kommen und schickte sie wieder zurück, um den Neugeborenen zu finden.[31] Als tiefgläubige Frau versuchte Maria, all diese Ereignisse, die sie selbst durch die Kraft Gottes erlebt hatte und von anderen Menschen erzählt bekommen hatte, besser zu verstehen und dies verstärkte auch ihren Glauben an ihr Kind. Alle ihre Erlebnisse bewahrte Maria in ihrem Herzen, also alle Worte und Ereignisse, und dachte über die Macht Gottes nach und spürte die Gegenwart Gottes, als Vater und Herr über ihr Leben.[32] Im nicänokonstantinopolitanischen Glaubensbekenntnis wird Maria als Gottesmutter anerkannt und folgendermaßen beschrieben:

---

[29] VLADIKA NIKOLAJ (2000), 943
[30] VLADIKA NIKOLAJ (2000), 943
[31] Vgl. LORGUS/DUDKO (2001), 137ff
[32] Vgl. LORGUS/DUDKO (2001), 137f

„Für uns Menschen und zu unserem Heil ist er vom Himmel gekommen, hat Fleisch angenommen, aus dem Heiligen Geist und der Jungfrau Maria, und ist Mensch geworden"[33]

Der Anteil Marias am Heilswerk Gottes beschreibt und lobt Ephräm, der Syrer, im 4. Jahrhundert, in einer Predigt wie folgt:

„Heute ward uns Maria zum Himmel, der Gott trug; denn in sie ließ sich die allerhöchste Gottheit herab und wohnte in ihr. In ihr ward die Gottheit klein, um uns groß zu machen, da die Gottheit ihrer Natur nach nicht klein ist. In Maria webte sie uns ein Kleid der Gnade und des Heils ...; aus ihr ging das Licht auf und versenkte die Finsternis des Heidentums ... "[34]

Maria wurde auch durch das Konzil von Ephesus (431), als Gottesgebärerin anerkannt und ihr wird der Titel *Theotokos*, dieser bedeutet „Gottesgebärerin", zugeschrieben.[35] Der Gottesdienst in den orthodoxen Kirchen wird feierlich und großartig gefeiert. Dabei wird der Jungfrau Maria ein angemessener Anteil gewidmet, um die Wertschätzung ihr gegenüber zu zeigen, indem sie auch in Gesängen gelobt wird und auch betont wird, dass sie einen großen Anteil am Heilswerk Gottes hat. Es gibt viele Gesänge, die speziell für die Lebensereignisse von Maria, der allerheiligsten Gottesgebärerin, geschrieben worden sind:[36]

Troparion, 4. Ton:

„Deine Geburt, Christus, unser Gott, ließ erstrahlen der Welt das Licht der Erkenntnis; denn in ihm wurden die Anbeter der Gestirne von einem Stern belehrt, Dich anzubeten als die Sonne der Gerechtigkeit und Dich zu erkennen als den Aufgang aus der Höhe. Herr, Ehre sei Dir!"[37]

Kondaktion, 3.Ton:

„Die Jungfrau gebiert heute den, der vor allem Sein ist, und die Erde bietet eine Höhle dar dem Unfassbaren; die Engel lobpreisen mit den Hirten; die Magier wandern dem Sterne nach; denn für uns ist geboren worden als kleines Kind der urewige Gott!"[38]

---

[33] HOPKO (1991), 58
[34] HOERNI-JUNG (1991), 63
[35] Vgl. HOPKO (1991), 17
[36] Vgl. LORGUS/DUDKO (2001), 140
[37] Vgl. LORGUS/DUDKO (2001), 140
[38] LORGUS/DUDKO (2001), 140

Der Feiertag wird am 7. Dezember bzw. am 25. Dezember nach dem alten Kalender, neun Monate nach Maria Verkündigung, gefeiert.

2.9 Die Flucht der heiligen Familie nach Ägypten

Über die Flucht nach Ägypten wird im Evangelium von Matthäus, Kapitel 2, Vers 13-15, berichtet. König Herodes wollte das Neugeborene unbedingt finden. Gott durchkreuzte die Pläne des Königs Herodes, indem er seinen Engel sandte, der Joseph benachrichtigte. Der Engel riet Joseph, mit dem Kind und dessen Mutter nach Ägypten zu fliehen, ansonsten würde Herodes das Kind suchen, um es zu töten. (Mt. 2, 13-15)

Als Herodes dann starb, erschien der Engel Joseph wieder im Traum und riet ihm mit dem Kind und dessen Mutter nach Israel zu ziehen, was er auch tat. (Mt. 2, 19-21)

Das Gotteswort ist von großer Bedeutung und daher ist ihm unverzüglich zu gehorchen. Die heilige Familie musste sich, solange Herodes noch lebte, in einem anderen Land verstecken und lebte dort illegal als Fremdlinge. Sie kehrte erst dann wieder zurück, nachdem der Heilige Geist ihr dazu geraten hatte.[39]

2.9.1 Ein besonderes Erlebnis auf dieser Reise:

Als die göttliche Familie nach Ägypten reiste, traf sie auf dem Weg auf Räuber. Der gerechte Joseph führte einen Esel, auf dem die Mutter Gottes mit dem kleinen Jesus saß und persönliche Gegenstände befestigt waren. Als einer der Räuber zugriff, um den Esel zu stehlen, war er neugierig, was die heilige Maria in ihrem Schoss verbarg. Er sah die wunderschöne Gestalt des Kindes und wunderte sich sehr darüber. Er sagte: „Wenn Gott selbst eine menschliche Gestalt annehmen würde, wäre es nicht schöner als dieses Kind es ist." Danach befahl er seinen Freunden wegzutreten und die heilige Familie in Ruhe zu lassen. Die heilige Mutter freute sich sehr über diese Tat und äußerte sich: „Dieses Kind wird eines Tages dich beschützen, weil du ihm heute nichts Schlechtes getan hast."[40]

Derselbe Räuber, der Diomaz hieß, wurde nach 33 Jahren wegen seiner Taten verurteilt und sah an der Stelle, an der er seine Strafe erhalten sollte, Jesus, der, obwohl er unschuldig

---

[39] vgl. VLADIKA NIKOLAJ (2000), 945f
[40] vgl. VLADIKA NIKOLAJ (2000), 945f

war, gekreuzigt wurde, und bereute daher alle seine schlechten Taten. Er wollte Jesus unterstützen, indem er betonte, dass Jesus unschuldig sei. Daher erwiderte ihm Jesus:

„Heute noch wirst du mit mir im Paradies sein." (Lk, 23,41-43)

Somit schenkte Jesus dem Räuber, der ihn damals auf der Reise der heiligen Familie nach Ägypten verschont hatte, das Paradies. Die Voraussage der Gottesmutter Maria, die sie damals dem Räuber gegeben hatte, wurde somit erfüllt.[41] Die Gottesmutter Maria musste in ihrem Leben sehr viel Leid ertragen, vor allem von Seiten irdischer Herrscher wie Herodes, der all seine Macht dazu nutzte, um ihrem Kind nach dem Leben zu trachten. Er war nämlich ein Herrscher, der nicht sein Volk unterstützte, er diente seinem Volk nicht, sondern er unterdrückte es durch seine Macht. Als eine auserwählte Person wurde die Gottesmutter durch die heilige Kraft auch auf ihrer Reise nach Ägypten beschützt sowie jedes Mal, wenn sie sich in Not befand oder eine wichtige Entscheidung zu treffen hatte. Der Heilige Geist unterstützte sie nicht nur auf der Reise, sondern führte sie durch ihr ganzes Leben.[42]

2.10 Die Begegnung des Herrn

Dieses Fest wird gefeiert am 15. Februar bzw. am 2. Februar nach dem alten Kalender. Am 40. Tag nach der Geburt brachten Maria und Josef anlässlich der Weihung des Kindes das Gotteskind zum Tempel, um sich bei Gott für das Neugeborene zu bedanken. Sie hielten sich an das Gebot des Moses und gemäß diesem musste man für ein neugeborenes Kind ein Opfer darbringen, um vom Priester Gebete zu erhalten. Gewöhnlich opferte man ein einjähriges Lamm, eine junge Taube oder eine Turteltaube. Maria und Joseph opferten eine Taube, da sie in armen Verhältnissen lebten. Obwohl sie nicht verpflichtet waren, diese Gebote zu erfüllen, taten sie es trotzdem, weil sie so, wie es in der Bibel beschrieben ist, die Gottesgebote nicht brechen wollten.[43]

2.10.1 Die Wunder im Tempel

Als die heilige Familie den Tempel betrat, war dort auch ein alter, greiser Mann namens Simeon anwesend. Er nahm das Kind in seine Arme und verherrlichte Gott:

---

[41] vgl. VLADIKA NIKOLAJ (2000), 945f
[42] vgl. VLADIKA NIKOLAJ (2000), 945f
[43] vgl. LORGUS/DUDKO (2001), 145

24

„Nun lässt du, Herr, deinen Knecht, wie du gesagt hast, in Frieden scheiden." (Lk. 2, 29)

Die allreine Jungfrau und Joseph wunderten sich über diese Äußerungen. Der greise Simeon wandte sich an die Jungfrau Maria und sagte:

„Und Simeon segnete sie und sagte zu Maria: Dieser ist dazu bestimmt, dass in Israel viele durch ihn zu Fall kommen und viele aufgerichtet werden, und er wird ein Zeichen sein, dem widersprochen wird." (Lk, 2, 34)

> „Fallen werden diejenigen, die nicht an Seine Worte glauben wollen, und aufgerichtet werden jene, die Seine Worte mit Liebe annehmen werden. Die Schriftgelernten und Pharisäer, die durch Bosheit geblendet sind, werden fallen, aber ungebildete Menschen, einfache Fischer, werden ihm nachfolgen. Er wird die Weisen beschämen und einfache Leute erwählen. Seinetwegen werden viele streiten, in den Völkern wird Zwiespalt herrschen: die einen werden Ihn loben, die anderen werden sagen, dass Er ein Betrüger sei. Sie werden ihn kreuzigen, Seine Hände und Füße mit Nägeln wie mit Pfeilen durchbohren und seine Brust mit einer Lanze. Dir selbst aber, Allreine Mutter, fuhr der heilige Geist fort; wird ein Schwert durch die Seele dringen: Es wird dies die Trauer und die furchtbare Seelenpein sein, wenn Du Deinen Sohn und Gott ans Kreuz genagelt sehen wirst und weinend und mit Schmerz im Herzen den aus dieser Welt geleiten wirst, den Du jetzt schmerzlos geboren hast."[44]

Die allerheiligste Gottesgebärerin wunderte sich auch darüber und dachte über seine Worte nach, indem sie das alles in ihrem Herzen bewahrte. Der greise Simeon war einer von den berühmten „Siebzigern", die ganz vertraulich die Bibel von Hebräisch auf Griechisch übersetzt hatten. Seine Aufgabe erfüllte er sehr gründlich, da er sehr gottesfürchtig war. Einmal übersetzte er eine Prophezeiung:[45]

> „Darum wird euch der Herr von sich aus ein Zeichen geben: Seht die Jungfrau wird ein Kind empfangen, sie wird einen Sohn gebären und sie wird ihm den Namen Immanuel (Gott mit uns) geben." (Jes. 7,15)

Nach einer Überlegung fiel ihm das Wort „Jungfrau" auf und er wollte es im Griechischen als „junge Frau" übersetzen. In diesem Moment, als er die Stelle mit Jungfrau ausradieren wollte, erschien ihm der Engel des Herrn und erläuterte, dass die Prophezeiung in Ordnung ist und überzeugte ihn damit von der Richtigkeit der Übersetzung. Ein zweiter Gottesbote

---

[44] LORGUS/DUDKO (2001), 146
[45] LORGUS/DUDKO (2001), 145

offenbarte ihm, dass er so lange nicht sterben würde, bis er selbst den Erlöser der Welt zu Gesicht bekommen habe, um ihn von der Prophezeiung zu überzeugen. Der Heilige Geist verkündete ihm daher auch den Tag, an dem Jesus mit Maria und Joseph zum Tempel kommen würde, damit er den Messias seines Volkes sehen könne. Von dessen Erscheinung war er begeistert und übersetzte die Prophezeiungen daher auch dem Original treu bleibend.[46]

2.10.2 Anfänge des Feiertages

Es ist bekannt, dass das Fest „Darstellung Christi" seit dem Jahr 544 gefeiert wird. Zum ersten Mal wurde diesem Fest unter Kaiser Justinian von Konstantinopel ein hoher Stellenwert zuteil, nachdem durch eine Reihe von Naturkatastrophen eine Vielzahl der Bürger gestorben waren. Da man im ganzen Reich Gebete angeordnet hatte, war man überzeugt, dass Gott sich dem Volk erbarmen würde und tatsächlich hatte der Herr die Gebete auch erhört: Das Unglück, das über dem Volk herrschte, fand ein Ende. Im kirchlichen Jahreskreis wird es als ein großer Festtag des Herrn angesehen.[47]

2.10.3 Kirchliche Hymnen

Die hohe Stellung der allerheiligsten Gottesmutter in der orthodoxen Kirche wird durch folgende Troparion und Kontaktion betont.

Troparion, 1.Ton:

„Freu Dich, gnadenerfüllte, jungfräuliche Gottesgebärerin! Denn aus Dir erstrahlte die Sonne der Gerechtigkeit, Christus, unser Gott, und erleuchtete die von Finsternis Umgebenen. Frohlocke auch du, gerechter Greis, der du den Befreier unserer Seelen auf die Arme nahmst, der uns die Auferstehung schenkt!"[48]

Kondaktion, 1.Ton:

„Der Du den jungfräulichen Schoß durch Deine Geburt geheiligt und die Hände des Simeon, wie es sich gebührte, gesegnet hast, Du hast zuvorkommend auch uns jetzt errettet, Christus, Gott. Aber schenke Frieden in Kämpfen dem Staate, und stärke die, welche Du liebst, o einzig Menschenliebender!"[49]

---

[46] vgl. VLADIKA NIKOLAJ (2000), 81
[47] vgl. VLADIKA NIKOLAJ (2000), 80
[48] LORGUS/DUDKO (2001), 147
[49] LORGUS/DUDKO (2001), 147

2.11 Marias Entschlafung

Durch Jesus Christus wird die Menschheit vor ihrem größten Feind, dem Tod, gerettet. Jesus Christus besiegt nämlich durch seine Auferstehung den Tod und gibt den Menschen die Hoffnung auf ein ewiges Leben.[50] Über das irdische Leben der allerheiligsten Gottesgebärerin nach dem Tod ihres Sohnes wird in der heiligen Schrift wenig berichtet, aber ihr Andenken wurde durch kirchliche Tradition bis heute aufrechterhalten und dafür gesorgt, dass es einen hohen Stellenwert einnimmt.[51] Obwohl von Marias Entschlafung im Evangelium dürftig berichtet wird, feiert man diesen Tag als eine Erinnerung an dieses Ereignis.[52]

Als Marias Entschlafung wird das Ende ihres weltlichen und der Anfang ihres himmlischen Lebens, also ihr Tod, bezeichnet. Entschlafung hat hier die Bedeutung eines Schlafes, der mit seelischer Ewigkeit und Freude verbunden ist. An diesem Feiertag gedenkt die Kirche der allerheiligsten Gottesgebärerin, die uns einen Sohn geschenkt hat, der selbst von den Toten auferstanden ist und durch dies gezeigt hat, dass das Leben durch den Tod kein Ende nimmt, sondern der Mensch unsterblich bleibt.[53]

2.12 Das Leben der allerheiligsten Gottesgebärerin nach der Auferstehung Christi

Die allerheiligste Gottesgebärerin Maria lebte noch, nachdem Jesus Christus seine irdische Aufgabe, die ihm der Herr gegeben hatte, erfüllt hatte. Sie erlebte die Verbreitung seiner Botschaft in verschiedenen Länder zu beobachten und freute sich herzlich darüber. Zu ihren Lebzeiten wurde sie von allen Menschen, die Jesus Christus schätzten, auch geschätzt und hoch geehrt.[54] Wir wissen aufgrund der Auferstehung Christi, dass das Leben eines Menschen durch den Tod kein Ende nimmt, sondern Einstieg in ein ewiges Leben bedeutet. Die Entschlafung der allerheiligsten Gottesgebärerin sollte man daher als eine Begegnung mit ihrem Sohn betrachten.[55] Bevor Jesus Christus die Welt und damit auch seine Mutter verließ, sorgte er dafür, dass sich einer seiner Jünger, Johannes der Theologe, um die allerheiligste Gottesgebärerin kümmern sollte:

---

[50] vgl. POPOVIC/ARSIC (1985), 103
[51] vgl. MILOSEVIC (2004), 177
[52] vgl. MILOSEVIC (2004), 176 f.
[53] vgl. SCHMEEMANN (2010), 54
[54] vgl. LORGUS/DUDKO (2001), 164
[55] vgl. SCHMEEMANN (2010), 55

„Als nun Jesus seine Mutter sah und bei ihr den Jünger, den er lieb hatte, sprach er zu seiner Mutter: Frau, siehe, das ist dein Sohn! Danach sprach er zu dem Jünger: **Siehe, das ist deine Mutter!** Und von der Stunde an nahm sie der Jünger zu sich." (Joh. 19,26-27)

2.13 Abschied von der allerheiligsten Gottesgebärerin

Nachdem der heilige Apostel Johannes die allerheiligste Gottesgebärerin bei sich aufnahm, lebte sie in Jerusalem in seinem Haus.[56] Die allerheiligste Gottesmutter besuchte während dieser Zeit öfters das Grab ihres Sohnes.[57] Der Glaube und die Gebete der allerheiligen Gottesgebärerin werden immer intensiver und sie besuchte öfters den Ort, von dem aus ihr Sohn die Erde verließ und zu seinen Lebenszeiten zu beten pflegte, den Garten Getsemani am Ölberg.[58] Als sie eines Tages dort darum betete, dass der Herr sie bald zu sich nehmen möge, erschien ihr der Erzengel Gabriel, der sie ihr ganzes Leben lang begleitet hatte. Der Erzengel Gabriel verkündete der allerheiligsten Gottesgebärerin, dass sie in drei Tagen ihrem Sohn in die Ewigkeit folgen würde. Dies sollte nur als eine Überführung vom irdischen Leben in das himmlische Leben aufgefasst werden.[59] Der Erzengel verkündete nicht nur das Ende ihres irdischen Lebens, sondern schenkte ihr auch einen Palmzweig, der aus dem Reich Gottes stammte. Wie immer war sie Gott dankbar dafür und hoffte, dass ihr Sohn wie auf Erden auch ihre Seele lieben würde.[60]

Das Geschehnis der Verkündigung durch den Erzengel erzählte die allerheiligste Gottesgebärerin dem Lieblingsjünger Christi, Johannes dem Theologen, der wiederum die Nachricht über die baldige Entschlafung der Gottesmutter an Jakobus, seinen Angehörigen und Bekannten, weiterreichte. Durch die Kraft Gottes erschien die allerheilige Gottesgebärerin den Aposteln im Haus des Johannes, dem Theologen. Dadurch kam es zu einer besonderen Erscheinung der Wolken am Himmel, die ihre Entschlafung symbolisierte. Die versammelten Apostel freuten sich über die Begegnung miteinander und erfuhren erst durch Johannes den Anlass der Versammlung – die Verkündigung der Entschlafung der allerheiligen Gottesgebärerin.[61] Die Apostel waren sehr berührt, als sie erfuhren, dass sie von der allerheiligsten Gottesmutter Abschied nehmen würden und jeder Einzelne erzählte, wie er durch die Kraft des Heiligen Geistes aus dem Ort, an dem er gepredigt hatte, zu dieser

---

[56] vgl. MILOSEVIC (2004), 177
[57] vgl. EPISKOP BANATSKI, DR. ATANASIE (1973), 259
[58] vgl. EPISKOP BANATSKI, DR. ATANASIE (1973), 236
[59] vgl. EPISKOP BANATSKI, DR. ATANASIE (1973), 237
[60] vgl. EPISKOP BANATSKI, DR. ATANASIE (1973), 237
[61] vgl. EPISKOP BANATSKI, DR. ATANASIE (1973), 239

Versammlung begleitet worden war. Die traurigen Apostel tröstete sie, indem sie sagte, dass sie sich selbst auf die Begegnung mit ihrem Sohn freue und sie sie weiterhin unterstützen und begleiten würde.[62]

Danach verkündete die allerheiligste Gottesmutter ihren letzten Wunsch:-Sie wollte im Garten Getsemani zwischen dem Ölberg und Jerusalem begraben werden, wo auch ihre Eltern, Joachim und Anna, sowie Joseph begraben waren. Dieser Ort war für einfache Bürger bestimmt.[63]

Die göttliche Vorhersage ihrer Entschlafung wurde am dritten Tag danach in der dritten Stunde erfüllt. Im Zimmer erschien ein Licht durch das Dach des Hauses, das sich öffnete. In diesem Licht kam Jesus Christus in Begleitung vieler himmlischer Wesen herab. Wie immer dankte Maria Gotte und sprach:

„Meine Seele preist die Größe des Herrn und mein Geist jubelt über Gott, meinen Retter." (Lk. 1, 46-47)

Sie lobte dadurch Gott, wie beim ersten Mal, als sie den Erzengel zu sehen bekommen hatte. Damals hatte sie geantwortet:

„Ich bin die Magd des Herrn; mir geschehe, wie du es gesagt hast." (Lk. 1, 38)

So wurde ihre Seele von ihrem Sohn entgegengenommen. Sie sank in tiefer Trauer und im Glauben an Gott an ihrer Seite, jedoch ohne jeglichen körperlichen Schmerz zu spüren, in einen tiefen Schlaf.[64] Das Gesicht der allerheiligsten Gottesgebärerin strahlte und ihr Leib verbreitete einen wunderbaren Geruch. Die Engel begrüßten sie mit einem Gesang: *„Gegrüßet seist du Maria." (Lk.1, 28)* Die anwesenden Apostel bereiteten ihr Begräbnis.[65] Nicht nur Menschen waren bei der Vorbereitung und Verwirklichung des Begräbnisses beteiligt, sondern auch im Himmel bildete sich ein leuchtender Kranz, der dieses Ereignis schützte und die Engel sangen. Viele Juden, die nicht an Jesus glaubten und ihm nicht folgten, versuchten, das Begräbnis zu behindern, da sie glaubten er hätte die Gebote des Herrn

---

[62] vgl. EPISKOP BANATSKI, DR. ATANASIE (1973), 239-240
[63] vgl. EPISKOP BANATSKI, DR. ATANASIE (1973), 239
[64] vgl. EPISKOP BANATSKI, DR. ATANASIE (1973), 242
[65] vgl. EPISKOP BANATSKI, DR. ATANASIe (1973), 243

gebrochen. Sie waren dagegen, dass die Mutter eines solchen Menschen verehrt würde, indem man sie so ehrenhaft und im Rahmen einer großen Versammlung zu Grabe trägt.[66]

Als ein jüdischer Priester versuchte, den Leichnam der heiligen Gottesmutter zu berühren, um ihn zu Boden zu werfen, fielen ihm durch die Kraft Gottes die Hände ab. Der Apostel Petrus überzeugte ihn, dass ihm die Hände wieder geheilt würden, wenn er diese Frau als heilige Gottesmutter anerkennen würde. Als er diese Anerkennung ihrer Heiligkeit aussprach, wurden seine Hände tatsächlich geheilt.[67]

Einige Apostel, unter ihnen auch der Apostel Petrus, verbrachten noch drei Tage am Grab der heiligen Gottesmutter. Nicht alle Apostel waren bei ihrer Entschlafung anwesend. Der Apostel Thomas kam erst nach drei Tagen an ihr Grab und wünschte sich sehnlichst, zumindest den Leichnam der heiligen Gottesgebärerin anzusehen, um sich zu verabschieden. Als sie aber das Grab öffneten, fanden sie ihren Leib nicht dort liegen. Dies überzeugte die Apostel, dass auch die heilige Gottesgebärerin, wie ihr Sohn Jesus Christus, am dritten Tag nach ihrem Begräbnis in den Himmel aufgenommen worden sei. Es war eine Vorsehung Gottes, dass gerade der Apostel Thomas sich davon überzeugen konnte, dass die allerheiligste Gottesmutter samt ihrem Leib in den Himmel aufgestiegen war, da ja er es gewesen war, der sich von der Auferstehung Jesu Christi durch Berührung der Wundmale überzeugen hatte wollen.[68]

Durch Marias Zustimmung, die Mutter Gottes zu werden, wurde die Welt gerettet und ein neues Leben nahm in ihr einen Anfang. Ihre Entschlafung und auch die Himmelfahrt ihres Leibes werden von der Kirche hoch verehrt, weil dadurch ein neues Zeichen für gläubige Menschen gesetzt wurde und gezeigt wurde, dass die Liebe zu Gott den Tod besiegt hatte. [69]

Seit ihrer Entschlafung wird die allerheiligste Gottesgebärerin als Mutter aller christlichen Kinder angesehen, da die Gläubigen bei ihr Trost und Zuversicht finden.[70]

---

[66] vgl. EPISKOP BANATSKI, DR. ATANASIE (1973), 244 / VGL. VLADIKA NIKOLAJ (2000), 582
[67] vgl. EPISKOP BANATSKI, DR. ATANASIE (1973), 245
[68] vgl. EPISKOP BANATSKI, DR. ATANASIE (1973), 245-247 / vgl. VLADIKA NIKOLAJ (2000), 582
[69] vgl. EVDOKIMOV (1989), 236
[70] vgl. SVETI FILARET MOSKOVSKI (2002), 99

2.14 Die Entschlafung aus der Sicht der orthodoxen Kirche

Apostel Paulus überzeugt uns, dass der Tod nicht als etwas Beständiges betrachtet werden solle, sondern lediglich als eine Zwischenzeit bis zur Auferstehung von den Toten. Im ersten Korintherbrief erwähnt er die Auferstehung: [71]

> So (verhält es sich) auch (mit) der Auferstehung der Toten: Gesät wird in Vergänglichkeit, auferweckt wird in Unvergänglichkeit; gesät wird in Ehrlosigkeit, auferweckt wird in Herrlichkeit; gesät wird in Schwachheit, auferweckt wird in Kraft; gesät wird ein seelischer Leib, auferweckt ein geistlicher Leib. Wenn es einen seelischen Leib gibt, dann gibt es auch einen geistlichen. (1.Kor 15, 42-44)[72]

Die Kirche betrachtet das Fest der Entschlafung als etwas Freudvolles, da die allerheiligste Gottesmutter durch die Entschlafung unsterblich wurde und damit den Tod besiegt hat. Man glaubt, dass der Tod kein Abschied ist, sondern als ein Zusammentreffen betrachtet werden sollte. Daher sollte man nicht trauern, sondern sogar Freude empfinden.[73] Die orthodoxe Kirche beschreibt in ihren Erzählungen und Predigten die Begebenheiten zur Entschlafung der allerheiligsten Gottesgebärerin nicht. Der Tag ihrer Entschlafung soll nämlich geheimnisvoll bleiben. Da die allerheiligste Gottesmutter auf Grund ihrer Gehorsamkeit und Hingabe ihr ganzes Leben lang durch den Heiligen Geist unterstützt wurde, bleibt ihr Leben und auch ihre Entschlafung für uns Menschen verborgen.[74] Besonders von Gläubigen wird die allerheiligste Gottesgebärerin nach ihrem Abschied aus dem irdischen Leben wertgeschätzt.[75] Bei einer Predigt während des Festes der Entschlafung fragte sich der heilige Andrej Kristski, wieso dieses Geschehen, also die Entschlafung der allerheiligen Gottesmutter, von keinem der Bibelverfasser erwähnt worden sei. Dann machte er selbst eine Anmerkung, dass dies deshalb nicht in der Bibel vorkomme, weil ihre Entschlafung viele Jahre später, also lange nach der Auferstehung Jesu geschehen sei und es in der damaligen Zeit nicht gestattet war, eine solche Deutung im Nachhinein zu geben.[76]

Im 5. Jahrhundert wurde dieses Fest nicht als Entschlafung Marias sondern als Gedächtnis Mariens gefeiert. Kaiser Mauritius (582-602) kündigte im ganzen Byzantinischen Reich dieses Fest an und verschaffte ihm damit einen besonderen Wert. Im 6. Jahrhundert wurde

---

[71] vgl. PENO (2002), 114
[72] vgl. PENO (2002), 114
[73] vgl. SCHMEMANN (2010), 57-58
[74] vgl. SCHMEMANN (2010), 85
[75] vgl. SVETI FILARET MOSKOVSKI (2002), 83
[76] vgl. SVETI FILARET MOSKOVSKI (2002), 86

dieses Fest bereits in vielen Orten im Osten gefeiert.[77] Das Fest wird in der orthodoxen Kirche am 28. August und nach dem alten Kalender am 15. August gefeiert. Durch folgende Troparion und Kontaktion preist die Kirche die Ereignisse, die Gott uns durch die allerheiligste Gottesgebären zeigt:[78]

Troparion, 1. Ton:

„In der Geburt hast du die Jungfräulichkeit bewahrt, im Tod die Welt nicht verlassen, o Gottesgebärerin; Du bist übergangen zum Leben, die Du die Mutter des Lebens bist, und erlöst durch Deine Fürbitten vom Tode unsere Seelen."[79]

Kontaktion, 2.Ton:

Die in Fürbitten unermüdliche Gottesgebärerin und in der Fürsprache unerschütterliche Hoffnung haben Grab und Tod nicht überwältigt; denn als die Mutter des Lebens hat sie zum Leben hinübergeführt. Der, welcher einst ihren immerwährend jungfräulichen Schoß zur Wohnung genommen hatte.[80]

2.15 Die allerheiligste Gottesgebärerin während des öffentlichen Wirkens Jesu

Die Anwesenheit der allerheiligsten Gottesgebärerin im alltäglichen Leben Christi wird im Evangelium an einigen Stellen erwähnt. Im Evangelium werden viele Wunder, die Jesus Christus vollbracht hatte, beschrieben. In seiner Umgebung, also in Galiläa und Judäa, wurde Jesus durch seine Wunder bekannt und begeisterte so viele Menschen. Das erste seiner Wunder, das uns bekannt ist, geschah in Anwesenheit der allerheiligsten Gottesgebärerin während einer Hochzeit in Kana. Der Evangelist Johannes beschrieb dieses Wunder. Er beschrieb, wie die Mutter Jesu den Dienern sagte, sie sollen seinem Wort folgen. Als die Mutter Jesu ihm sagte, dass es keinen Wein mehr gab, sagte Jesus den Dienern, sie sollten die Wasserkrüge mit Wasser auffüllen und sie dem Speisemeister bringen. Der Speisemeister kostete das Wasser und stellte fest, dass es zu Wein geworden war. Er rief sodann den Bräutigam und erklärte ihm, dass man üblicherweise den guten Wein den Gästen zuerst anbietet und wenn die Gäste angetrunken wären den Schlechteren. Bei diesem Wein handelte

---

[77] vgl. LARENTZAKIS (2001), 114
[78] vgl. LORGUS/DUDKO (2001), 166
[79] LORGUS/DUDKO (2001), 166
[80] LORGUS/DUDKO (2001), 167

es sich aber um den Guten. Damit fingen die Zeichen Jesu an und er offenbarte damit seine Herrlichkeit. Fortan glaubten seine Jünger an ihn. (vgl. Joh. 2, 1-1)

Jesus vollbringt übernatürliche Taten bzw. Wunder wegen seine Liebe zur Menschheit und dies ist nur durch ihn möglich, da er selbst auf eine wunderbare Art und Weise in Erscheinung getreten ist.[81] Dieses Ereignis symbolisiert die Erneuerung im geistlichen Sinne und die Hoffnung auf neue Gesetze, durch die Jesus Christus die gefallene Menschheit errettet.[82]

Die allerheiligste Gottesgebärerin unterstützte ihren Sohn bei der Hochzeitsfeier, bei der Jesus sein erstes Wunder in der Öffentlichkeit vollbrachte, indem sie Jesus darauf hinwies, dass es an Wein fehlte und damit von ihm verlangte, dass er Wasser in Wein verwandelte.[83] Dadurch wird ersichtlich, dass die allerheiligste Gottesmutter kein Hindernis für die Erfüllung der Aufgaben Gottes darstellt, sondern ihren Sohn Jesus dabei fördert, damit die heilige Kraft Gottes in Erscheinung treten kann.[84] Der Anweisung der allerheiligsten Gottesgebärerin folgend verwandelte Jesus Christus nicht nur Wasser in Wein, sondern er lädt damit alle Menschen zu einer Erneuerung und Änderung der Lebensweisen ein. Dies symbolisiert auch, dass durch einen starken Glauben Unsterblichkeit erreichbar sei.[85]

2.16 Die allerheiligste Gottesgebärerin während einer Predigt Christi

Nach einem weiteren Wunder, das Jesus Christus tat, bei dem die allerheiligste Gottesgebärerin anwesend war, wurde sie gelobt. Dies beschreibt das Lukas Evangelium im Folgenden:

„Selig die Frau, deren Leib dich getragen und deren Brust dich genährt hat." (Lk. 11,27)

Die allerheiligste Gottesmutter wunderte sich darüber, dass sie als Mutter von Jesus, der viele Menschen begeisterte, anerkannt wurde, weil sie einen Anteil an diesem Ereignis habe.[86] Man vermutet, dass diese Bemerkung Maria aus Magdala gilt.[87] Viele Menschen, besonders aus ihrer näheren Umgebung, wollen vor allem vor Neid nicht wahrhaben, dass Jesus Christus

---

[81] vgl. SCHMEMANN (2010), 19
[82] vgl. EPISKOP DANILO / EPISKOP AMFILOHIJE (1988), 39
[83] vgl. SVETI FILARET MOSKOVSKI (2002), 59
[84] vgl. SVETI FILARET MOSKOVSKI (2002), 61
[85] vgl. EPISKOP DANILO / EPISKOP AMFILOHIJE (1988), 33
[86] vgl. SVETI FILARET MOSKOVSKI (2002), 53
[87] vgl. RANKOVIC (2008), 135 f.

Wunder zu Stande bringen kann. Damit gaben viele die erwünschenswerte Anerkennung nicht und sie fragten sich:" *Woher hat er diese Weisheit und die Kraft, Wunder zu tun!" (Mt. 13,54)*

2.17 Die allerheiligste Gottesgebärerin während einer Predigt Christi in seiner Heimatstadt:

Zur Zeit Jesu hat die Herkunft eines Menschen eine große Rolle für das Ansehen gespielt und man stellte auch seine Herkunft in Frage, als sich seiner Umgebung offenbarte:

> „Ist dieser nicht der Zimmermann, der Sohn der Maria, und ein Bruder des Jakobus und Joses und Judas und Simon? Und sind nicht seine Schwestern hier bei uns? Und sie ärgerten sich an ihm. Und Jesus sprach zu ihnen: Ein Prophet ist nicht ohne Ehre, außer in seiner Vaterstadt und unter seinen Verwandten und in seinem Hause." (Mk. 6,3-4)

Obwohl Juden einen großen Wert auf die Herkunft legen, wird der Stamm der allerheiligsten Gottesgebärerin, die aus der berühmten Familie Davids stammt, erniedrigt dadurch, dass man ihr keinen Glauben schenkt. Die allerheiligste Gottesgebärerin war sehr bescheiden, daher rühmte sie sich nicht mit ihrer Herkunft, das heißt also, sie wünschte sich keine Anerkennung der Menschen, die von ihrer Abstammung abhängt.[88] Die allerheiligste Gottesgebärerin war sich der Aufgabe ihres Sohnes bewusst und stand ihm daher zur Seite: Noch vor den ersten Wundertaten Jesu Christi glaubte sie an seine göttliche Macht (Joh, 2,1).[89]

Während einer Predigt versammelten sich viele Menschen um Jesus, einige aber dachten, er wäre vom Teufel besessen. Sie glaubten, dass er mit Hilfe des Teufels Dämonen ausgetrieben hat (Mk, 3,22). Als er diese Predigt hielt, kam die allerheiligste Gottesgebärerin mit seinen Brüdern und Schwestern zu ihm, um ihn zu unterstützen, weil ihr bewusst war, dass Jesus viele Feinde hatte. Sie fragten nach ihm und ließen ihn auch rufen (Mk, 3,31-32).[90] Als man Jesus davon berichtete, dass seine Mutter und Brüder nach ihm fragten, sagte er: „Wer ist meine Mutter und meine Brüder?"(Mk, 3,33) Als seine Familie kam, brach Jesus die Predigt nicht ab, weil ihm bewusst war, dass die Gegner dadurch merken würden, dass er großen Wert auf seine irdische Familie legte und auch deshalb, weil die Erfüllung seiner

---

[88] vgl. SVETI FILARET MOSKOVSKI (2002), 54
[89] vgl. SVETI FILARET MOSKOVSKI (2002), 59
[90] vgl. SVETI FILARET MOSKOVSKI (2002), 62

Aufgabe, eine Verbindung der Menschen zu Gott, für ihn Vorrang hatte.[91] Er betonte auch: „Denn wer Gottes Willen tut, der ist mein Bruder und meine Schwester und meine Mutter." (Mk, 3,35) Mehr als alle anderen verstand die allerheiligste Gottesgebärerin das Vorhaben ihres Sohnes, vor allem durch ihren Glauben und ihr Vertrauen in Gott. Alle Menschen, die auf Gott großen Wert legen und versuchen, dem Gotteswort zu folgen, stehen für Jesus im Vordergrund. Er betrachtet sie daher als Familie und zu dieser Familie gehört auch die allerheiligste Gottesgebärerin selbst, die als Erste das Gotteswort angenommen hat.[92]

2.18 Maria bei der Kreuzigung und Auferstehung des Gottessohnes

2.18.1 Die Kreuzigung Christi

Am Palmsonntag kam Jesus Christus nach Jerusalem und wurde mit großer Begeisterung empfangen, da viele Menschen an ihn, als an jemanden, der im Namen Gottes kommt, glaubten (Joh.,12-13). Es war auch das letzte Mal, dass er mit Freude empfangen wurde, da es für viele Gegner unverständlich war, dass Jesus Gottessohn war. Aus diesem Grund wurde er schließlich ohne jegliche Schuld verurteilt und dann gekreuzigt.[93] Jesus wurde für uns und unsere Sünden gekreuzigt: *„Denn der Lohn der Sünde ist der Tod."* (Röm 6,23) Jesus bezeichnete sich selbst als „Lamm Gottes", der die Schuld der Menschheit auf sich nähme (Joh. 1,29; Mat. 3,17), daher opferte er sein Leben und ließ sich durch die Kreuzigung erniedrigen für uns Menschen und zu unserem Heil.[94] Am Karfreitag gedenkt die Kirche der Kreuzigung Jesus Christi, der sich in seiner Gestalt des Menschen für die Errettung der Menschheit opferte.[95]

2.18.2 Die allerheiligste Gottesgebärerin bei der Kreuzigung Christi

Am Tage der Passion wurde Jesus Christus von vielen seiner Bekannten und Anhänger verlassen, wie auch Ijob in seiner Leidenszeit von vielen verlassen worden war. Vor allem von römischen Soldaten wurde Jesus verspottet, geschlagen, angespuckt und vieles mehr. Als Jesus Christus am Tag seiner Kreuzigung die allerheiligste Gottesgebärerin in Begleitung seines Lieblingsjüngers Johannes sah, *„spricht er zu seiner Mutter: Weib, siehe, dein Sohn! Darauf spricht er zu dem Jünger: Siehe, deine Mutter! Und von der Stunde an nahm sie der Jünger zu sich."* (Joh 19,26-27) Dadurch wird ersichtlich, dass Jesus Christus sogar in dem

---

[91] vgl. SVETI FILARET MOSKOVSKI (2002), 61
[92] vgl. SVETI FILARET MOSKOVSKI (2002), 63
[93] vgl. PENO (2002), 117
[94] vgl. HOPKO, 1991, 77
[95] vgl. MILOSEVIC (2004), 69

Moment seines größten Leidens an die Zukunft seiner Mutter denkt. [96] Damit wurden die Prophezeiungen des Greises Simeon wahr, der, als er Jesus begegnet war, gesagt hatte: *„Dir selbst aber, Allreine Mutter, wird ein Schwert durch die Seele dringen: es wird dies die Trauer und die furchtbare Seelenpein sein, wenn du deinen Sohn und Gott an das Kreuz genagelt sehen wirst ... "* Durch die tatsächliche Kreuzigung Christi und die Anwesenheit der allerheiligsten Gottesgebärerin bei der Kreuzigung bewahrheitete sich diese Prophezeiung. [97] Als Mutter litt die allerheiligste Gottesgebärerin sehr darunter, als sie ihrem Sohn beim Sterben zusehen musste. [98] Das Leiden ihres Sohnes hielt sie aufgrund ihres starken Glaubens an Gott und die heilige Schrift aus und auch deshalb, weil sie aus den Prophezeiungen wusste, dass ihr Sohn den Tod besiegen würde. [99]

2.19 Auferstehung Christi

Die Auferstehung Christi wird in der christlichen Kirche zu Ostern gefeiert als Andenken daran, dass Jesus den Tod besiegt hat und damit auch die ganze Menschheit, die an ihn glaubt, errettet hat. Durch seine Auferstehung errettete er das Menschengeschlecht vor dem Bösen und dem Tod, der es in Fesseln gehalten hatte. Von der Auferstehung Christi wird von allen vier Evangelisten berichtet: Mt 28,1-10; Mk 16, 1-9; Lk 24, 1-9; Joh 20, 1-14. Jeder dieser Evangelisten schildert dieses Ereignis auf seine Weise und das Fest zur Auferstehung Christi wird seit jeher gefeiert, jedoch an verschiedenen Tagen von den jeweiligen christlichen Religionen. [100] Das Wesentliche an der christlichen Lehre und daher auch an der der orthodoxen Kirche ist vor allem die Auferstehung Christi, wovon er selbst auch bei seinen Predigten gesprochen hatte. Sie dient also als Grundlage des Glaubens. [101]

Durch Jesu Auferstehung bekommen wir das ewige Leben. Jesus selbst hatte gesagt: *Wahrlich, wahrlich, ich sage euch: Wer mein Wort hört und glaubt dem, der mich gesandt hat, der hat ewiges Leben und kommt nicht ins Gericht, sondern er ist aus dem Tod in das Leben übergegangen. (Joh. 5,24)* Und über seinen Vater sagte er: *Denn wie der Vater Leben*

---

[96] vgl. GOTT IST LEBENDIG, 2002, 231
[97] vgl. SVETI FILARET MOSKOVSKI (2002), 70
[98] vgl. GOTT IST LEBENDIG, 2002, 229
[99] vgl. SVETI FILARET MOSKOVSKI (2002), 54
[100] vgl. MILOSEVIC (2004), 74 ff.
[101] vgl. HOPKO (1991), 87

in sich selbst hat, so hat er auch dem Sohn gegeben, Leben zu haben in sich selbst.
(Joh.5,26)[102]

2.20 Die allerheiligste Gottesgebärerin bei der Auferstehung Christi

Bereits am selben Tag der Kreuzigung wird Jesus Christus begraben. Vor seinem Grab wurde ein großer Stein platziert und sogar Wächter beauftragt, das Grab zu bewachen, um zu verhindern, dass der Leib Christi über Nacht gestohlen würde und man behaupten könnte, dass Jesus „auferstanden" sei. Am Sonntag in den frühen Morgenstunden erschien ein Engel Gottes und rollte den schweren Stein vom Grabeingang fort. Die Erde wurde erschüttert, Jesus Christus ist auferstanden. Aufgrund des Erdbebens liefen die Wächter ängstlich in Richtung Stadt und taten anderen Stadtbewohnern kund, dass Christus auferstanden sei.[103] Wie es in damaliger Zeit bei Juden üblich war, kamen bereits in der Früh mirontragende Frauen zum Grab Christi, der Engel zeigte ihnen aber das leere Grab. Das überraschte sie sehr, daher eilten sie schnellstens zu den Aposteln, um ihnen zu berichten: Christus ist auferstanden![104]

In mündlicher kirchlicher Überlieferung erfährt man, dass Jesus Christus sich nach seiner Auferstehung zuerst der allerheiligsten Gottesgebärerin zeigte, da er sie dadurch beruhigen wollte. Die Evangelisten veröffentlichten dieses Ereignis absichtlich nicht, da man glaubte, dass sie sich dies als leidende Mutter nur eingebildet haben könnte.[105] Ihr Durchhaltevermögen bei all diesen Geschehnissen stärkte sich vorwiegend aus ihrem starken Glauben an ihren Sohn und an den Gottesvorsehungen, die ihr als „Geheimnisse" bekannt waren. Dies gelingt ihr vor allem dadurch, dass sie ihr ganzes Leben lang auf Gott und das himmlische und ewige Reich hin ausrichtete. Durch die Auferstehung Christi bestätigte sich diese Ausrichtung.[106] Marias Gehorsamkeit und Bescheidenheit stellen für die ganze Menschheit neue Werte dar. Daher wird Maria in der orthodoxen Kirche eine besondere Verehrung zuteil, weil Christen dieses Fest, die Auferstehung Christi, als einen Sieg über den Tod feiern dürfen.[107]

---

[102] vgl. HOPKO (1991), 85
[103] vgl. RANKOVIC (1993), 42
[104] vgl. RANKOVIC (1993), 42
[105] vgl. EPISKOP DANILO / EPISKOP AMFILOHIJE (1988), 47
[106] vgl. SVETI FILARET MOSKOVSKI (2002), 73
[107] vgl. RANKOVIC (2008), 153

2.21 Anwesenheit der allerheiligsten Gottesgebärerin bei Christi Himmelfahrt und Pfingsten

2.21.1 Christi Himmelfahrt in der orthodoxen Kirche

Dieses Fest wird 40 Tage nach Ostern gefeiert und gehört zur Gruppe der bewegten Feiertage (d.h. sein Termin ist abhängig vom Ostertermin). Im Evangelium (Mk. 16,19; Lk. 24, 50-53) und in der Apostelgeschichte von Lukas (1, 4-11) wird dieses Ereignis kurz beschrieben.[108] Bis zum 4. Jahrhundert wurde dieses Ereignis nicht gefeiert. Erst nach der Trennung von Pfingsten, erhält dieses Ereignis in der orthodoxen Kirche einen eigenen Festtag.[109] Durch seine Himmelfahrt komplettiert Jesus seine irdische Mission. Seine Aufgabe wird also durch dieses Ereignis abgeschlossen: Da er vom Himmel herabgekommen ist, kehrt er wieder dorthin zurück, von wo er stammt, um sich mit seinem Vater zu vereinigen.[110]

Nach seiner Auferstehung verbleibt Jesus noch 40 Tage bei seinen Aposteln, um dadurch seine Lehren zu vertiefen und bringt den Aposteln näher, wie sie seine Lehre weiter verbreiten können.[111] Er belehrt seine Apostel über die Herrschaft des Messias (Apg. 1, 6, 17) (Joh. 14, 2-3). Als die Zeit für seine Himmelfahrt näher rückt, befiehlt Jesus am Ölberg seinen Aposteln zusammenzubleiben, er segnet sie und verspricht, dass sie durch ihn den Heiligen Geist empfangen werden. *Nachdem er das gesagt hatte, nahm Gott ihn zu sich. Eine Wolke verhüllte ihn vor ihren Augen, und sie sahen ihn nicht mehr. (Apg. 1,9)*

Als die Apostel sich noch darüber wunderten, ... *standen auf einmal zwei weiß gekleidete Männer bei ihnen. „Ihr Galiläer", sprachen sie die Jünger an, „was steht ihr hier und seht zum Himmel? Gott hat Jesus aus eurer Mitte zu sich in den Himmel genommen; aber eines Tages wird er genauso zurückkehren." (Apg. 1,10-11)* Die allerheiligste Gottesgebärerin wurde auch Zeugin der Himmelsfahrt ihres Sohnes, davon wird in kirchlichen Gesängen und Liedern berichtet.[112] Durch die allerheiligste Gottesgebärerin kommt Jesus Christus, unser Erlöser, zur Welt, der für uns den Weg ins ewige Himmelreich ebnete. Mit seiner

---

[108] vgl. MILOSEVIC (2004), 141
[109] vgl. MILOSEVIC (2004), 138 f.
[110] vgl. HOPKO (1991), 91
[111] vgl. RANKOVIC (1993), 43
[112] vgl. LORGUS/DUDKO (2001), 157

Himmelfahrt bewies er uns nochmal, dass er der wahre Gott ist, der wieder zu seinem Reich aufstieg.[113]

2.21.2 Pfingsten in der orthodoxen Kirche

Pfingsten wird 50 Tage nach Ostern als Sendung des Heiligen Geistes, der Jesu Lehre ein Ende setzt, gefeiert sowie als Anfang der Existenz der christlichen Kirche betrachtet. Die Kirche wurde durch Wirkung und Kraft Gottes zu Pfingsten „ins Leben gerufen".[114]

> „Ich werde den Vater bitten und er wird euch einen anderen Beistand geben, der für immer bei euch bleiben soll." (Joh. 14,26)

Die Sendung des Heiligen Geistes wird nur vom Evangelisten Lukas, nicht aber im Evangelium, sondern im Apostel Brief (2, 1-41) erwähnt. Pfingsten ist als Ende der Erlösungsmission Christi zu betrachten, welche der Sinn der christlichen Lehre war.[115] Dieser Tag wird auch als eine Offenbarung Gottes durch den Heiligen Geist gefeiert. Durch die Offenbarung wird die Kirche Christi begründet und die Apostel Christi bekommen die Kraft, die christlichen Lehren zu verbreiten.[116]

2.21.3 Pfingsten

50 Tage nach seiner Auferstehung sandte Jesus, wie er zuvor angekündigt hatte, den Heiligen Geist: *Wenn der Beistand gekommen ist, den ich euch von dem Vater senden werde, der Geist der Wahrheit, der vom Vater ausgeht, so wird der von mir zeugen. (Joh. 15, 26)* Der von Jesus angekündigte Heilige Geist ist während eines Gebetes erschienen. Über und im Haus, in dem sich die Apostel und die allerheiligste Gottesgebärerin befanden, stieg eine Feuerzunge vom Himmel herab, von der sich je eine auf jedem einzelnen Apostel niederließ. Durch die Kraft Gottes werden sie erleuchtet und besitzen eine große Menge an Wissen, vor allem beherrschen sie danach verschiedene Sprachen, um die frohe Botschaft in aller Welt zu verkündigen.[117]

---

[113] vgl. PENO (2002), 118
[114] vgl. NIKOLAU (1995), 61
[115] vgl. MILOSEVIC (2004), 148 f.
[116] vgl. EPISKOP DANILO / EPISKOP AMFILOHIJE (1988), 52 f.
[117] vgl. EPISKOP DANILO / EPISKOP AMFILOHIJE (1988), 52

An diesem Tag feierte man in Jerusalem das Schawout, 50 Tage nach dem Pesachfest, Pentekoste (man feierte dieses Fest anlässlich der Bekanntgabe der 10 Gottesgebote durch Moses[118]), weshalb sich viele Juden dort versammelt hatten und nach dem Empfang des Heiligen Geistes hielt Johannes eine Rede vor diesen versammelten Menschen über die Lehren Christi. An diesem Tag wurden 3000 Menschen getauft, was den Beginn der Kirche Christi darstellt.[119] Besonders durch die Beherrschung verschiedener Sprachen war es möglich, dass die Botschaft Gottes sich schneller verbreiten konnte.[120] Wie ein Baum meistens wegen der hervorgebrachten Menge an Früchten wertgeschätzt wird, so wird auch die Existenz der Kirche am Bestand des Heiligen Geistes bewertet, da die Kirche seit dem Empfang des Heiligen Geistes bereichert wurde und damit auch bereit war, den Glauben an andere weiterzugeben.[121]

Der allerheiligsten Gottesgebärerin wird die Geburt Christi durch den Heiligen Geist ermöglicht und auch am Pfingsttag ist es der Heilige Geist, der die Kraft Gottes an die Apostel und damit an die christliche Kirche überbringt. Die allerheiligste Gottesgebärerin wurde ihr ganzes Leben lang vom Heiligen Geist begleitet und als er den Aposteln zu Pfingsten erschienen ist, war auch sie anwesend.[122]

2.22 Synaxis der allerheiligen Gottesgebärerin

Die Synaxis ist in den christlichen Kirchen, darunter auch orthodoxe Kirchen, eine Versammlung zu liturgischen Zwecken, zu Ehren der Gottesmutter Maria und zur Feier der Vesper, der Orthros, der Stundengebete oder der Göttlichen Liturgie. An bestimmten Festtagen kamen die Priester und Gläubigen in Konstantinopel zusammen, um an diesen Tagen die Heiligen zu ehren. Solche Zusammentreffen wurden „Synaxes" genannt und hatten bereits festgeschriebene Gottesdienste. Das Fest zu Ehren der Jungfrau Maria wurde schon in alten Zeiten, noch bevor der kirchliche Kalender entstanden ist, an dem zweiten Tag nach der Geburt Christi gefeiert, der orthodoxen Christen bis heute als Versammlung zu Ehren der Allheiligen Gottesgebärerin bekannt ist.[123]

---

[118] vgl. GOTT IST LEBENDIG (2002), 301 f
[119] vgl. EPISKOP DANILO / EPISKOP AMFILOHIJE (1988), 52
[120] vgl. SCHMEMANN (1996), 135
[121] vgl. EVMERIOS VON LEFKA (1999), 144
[122] vgl. EVDOKIMOV (1989), 244
[123] SCHMEMANN (1996), 179

Die Verehrung der Jungfrau Maria in der Kirche durch die Menschen soll sie im Glauben unterstützen. Das Bild der Mutter mit dem Kind auf dem Arm ist eines der wichtigsten, tiefsten und freudigsten Leitbilder des christlichen Glaubens. In den Gebeten und Gesängen für den Feiertag „Synaxis" findet man die „tiefste Schicht" im Glauben an die Gottesgebärerin. Das bedeutet auch, dass unser Glauben, die Wahrnehmung der Persönlichkeit Marias und ihre Bedeutung intensiviert werden. Teil des Festes der Geburt Christi ist auch die Betrachtung der Mutter Christi als ein Beitrag der Welt, der Menschheit und auch als unser Beitrag für den zum Mensch werdenden Gott.[124]

Sinn dieses Gesangs besteht darin, dass sich die Welt nicht nur nach der Vereinigung mit Gott sehnt, sie nicht das Kommen Gottes erwartet, sondern sich auf die Begegnung auch vorbereitet, so dass diese Begegnung nach dem christlichen Glauben auch liebevoll sein wird. In der Geburt Jesu wird nicht nur die Ankunft Christi bezeugt, sondern auch die ihm entgegen kommende Erscheinung der Welt: der Stern, die Krippe, die Engel, die Hirten und die Sterndeuter. Dies wird auch in dieser Stelle betont:

„Die Himmel rühmen die Herrlichkeit Gottes." (Ps,19,2)

Die Jungfrau Maria wird als bestes und schönstes Geschöpf der Welt akzeptiert und ihre Bedeutung an dem Geschehen wird betont.[125] Die Geburt Marias, der allerheiligsten Gottesgebärerin, zeigt gewissermaßen die Vereinigung Gottes mit der Welt sowie auch die Erfüllung der Liebe zwischen Maria und Gott. Im Evangelium kommt dies vor:

„Denn so sehr hat Gott die Welt geliebt, dass er seinen eingeborenen Sohn dahingegeben hat ..." (Joh 3,16)

Der Feiertag wird am 26. Dezember bzw. am 8. Jänner nach dem alten Kalender gefeiert.

---

[124] Vgl. SCHMEMANN (2010), 44
[125] SCHMEMANN (2010), 46

41

2.23 Fastenzeit vor der Entschlafung der allerheiligsten Gottesgebärerin

Eine Art des Fastens existierte bereits im Paradies, als Gott den ersten Menschen, Adam und Eva, verbot, von dem Baum des Guten und Bösen etwas zu nehmen. Dabei handelte es sich eher um Gehorsam. Daher wird im Alten Testament großer Wert auf den Verzicht auf Essen und Trinken gelegt, weil es als Opferung für Gott betrachtet wird. Es gab viele verschiedene Situationen, in denen man fastete, wie zum Beispiel während Epidemien, nach Todesfällen in der Familie und bei anderen Katastrophen. Man fastete nicht nur um eine schlechte Zeit durchzustehen, sondern um sich auf eine große Aufgabe vorzubereiten. Es ist auch bekannt, dass Johannes der Täufer fastete, bevor er Christus taufte (Joh. 1,29).

Diese Gebräuche beeinflussten auch das Neue Testament.[126] In der christlichen Kirche wurde die Fastenzeit durch Jesus Christus selbst festgesetzt (Mt. 4,2). Somit wurde er uns hierfür zum Vorbild. Ziel des Fastens in der orthodoxen Kirche ist es, den Körper zu reinigen, die Willenskraft zu stärken, die Stellung der Seele über den Körper zu stellen und das Wichtigste dabei ist, Gott, seine Majestät und dadurch auch das Heilige zu verehren. Im Jahreskreis der orthodoxen Kirche gibt es neben eintägigen Fastenzeiten auch vier mehrtägige Fastenzeiten von unterschiedlicher Länge:

Winter: Weihnachtsfastenzeit; Dauer: 6 Wochen

Frühling: vor Ostern; Dauer: 7 Wochen

Sommer: das Apostelfasten; Dauer: unterschiedlich

Herbst: vor Entschlafung der allerheiligsten Gottesgebärerin; Dauer: 2 Wochen[127]

Die Fastenzeit vor der Entschlafung der allerheiligsten Gottesgebärerin wurde durch die Kirche festgelegt, weil sie selbst ihr ganzes Leben fastete und betete und ihr ganzes Leben Gott widmete.[128] Diese Fastenzeit stammt aus dem 9. Jahrhundert, es wurde in Konstantinopel durch das Konzil im Jahr 1166 bestätigt und ist uns als die letzte festgesetzte Fastenzeit in der orthodoxen Kirche bekannt.[129] Nach dem neuen Kalender beginnt die Fastenzeit am 14. August und endet mit dem 28. August.

---

[126] vgl. MILOSEVIC (2004), 380 f.
[127] vgl. NIKOLAJ VELIMIROVIC (2008), 95/ KOLUNDZIC (1994), 68
[128] KOLUNDZIC (1994), 84
[129] vgl. MILOSEVIC (2004), 394 f.

3 Die Verehrung der allerheiligsten Gottesgebärerin in der orthodoxen Kirche

Die Bedeutung der allerheiligsten Gottesgebärerin war bereits in den Anfängen des Christentums anerkannt. Daher legte die Kirche einen besonderen Wert auf ihre Verehrung.[130] Die christliche Kirche wurde mit der Ankunft des Heiligen Geistes zu Pfingsten von Jesus selbst gegründet, wie er es während seines irdischen Lebens versprochen hatte. Die Geburt Jesu bedeutete für die Kirche die Errettung der Gläubigen. Die orthodoxe Kirche erkannte die Rolle Marias und wies ihr die entsprechende Ehre zu. Die orthodoxen Christen sehen die allerheiligste Gottesgebärerin als wesentlichen Bestandteil ihres Glaubens und die Verehrung in der Kirche kommt in der Ikonographie, im Gottesdienst, in verschiedenen Liedern, Hymnen etc. zum Ausdruck.[131] Wie und in welcher Form diese Verehrung in der orthodoxen Kirche stattfindet wird im folgenden Kapitel beschrieben. Es werden Lieder und Ikonen erklärt und analysiert.

3.1 Die allerheiligste Gottesgebärerin in der Ikonographie

In der Geschichte der Menschheit gab es keine andere Frau, die so wertvoll war und somit auch die Ideale darstellte, nicht nur wegen ihren Tugenden, sondern auch wegen ihrer Schönheit. Durch Ikonographie schenkte ihr die orthodoxe Kirche Hochwürdigung und Ehre. Nach kirchlicher Tradition wird sie durch Ikonenbilder, von denen mit der Zeit verschiedene Arten entstanden sind und von denen einige auch zahlreiche Wunder verursacht haben, für die Gläubigen anwesend. Die zahlreichen Darstellungen der allerheiligsten Gottesgebärerin kommen durch die Anerkennung vieler Gläubigen, die auf ihre Unterstützung vertrauen, zustande.[132]

3.2 Bedeutung der Bilder im Alten Testament

Im Alten Testament ist das Bilderverbot im zweiten Gottesgebot verankert: *„Du sollst dir kein Bildnis noch irgendein Gleichnis machen, weder von dem, was von oben im Himmel, noch von dem, was im Wasser unter der Erde ist."* (Ex. 20,4) Damit wurde die Kunst vom Gottesdienst nicht entfernt, sondern im Gegenteil befiehl Gott, dass die Gegenstände in den Tempeln in höchster Qualität hergestellt sein sollten und auch Symbole von Cherubim und

---

[130] vgl. ZEITSCHRIFT RASKO- PRIZRENSKE EPARHIJE (1994), 62
[131] vgl. ZEITSCHRIFT RASKO- PRIZRENSKE EPARHIJE (1994), 60
[132] vgl. MIRKOVIC (1982), 180

Seraphim enthalten sollen. Nicht nur das äußere des Tempels von Salomon, sondern auch das Innere dieses Tempels sollte wertvoller gestaltet werden.[133]

Symbolismus spielte von Anfang des Christentums bis 313 nach Christus eine bedeutende Rolle in der christlichen Ikonographie, weil zu Beginn die Christen gezwungen waren, sich zu verstecken. Wegen des bereits genannten Bilderverbots im zweiten Gebot entstanden daher verschiedene Zeichen für Christus. Diese waren Fisch, Lamm, der gute Hirte usw. Ab 313 nach Christus wurde das Christentum offiziell anerkannt und daher entstanden in Katakomben auch die ersten Bilder, wie etwa von der Auferstehung des Lazarus, von Jesus Christus, von den Aposteln, Engeln und Heiligen, nach Erzählungen des Alten und Neuen Testaments.[134] Die Quellen für diese Bilder waren die Heilige Schrift, mündliche Überlieferungen und Gebete. Der Symbolismus führte zu Missverständnissen unter den Christen, daher versuchte man, eine neue Form der Darstellung Christi und aller anderen Gottesbilder zu entwickeln.[135]

Im Jahr 787 fand das ökumenische Konzil in Nicäa statt. Hier wurde die Ikonenverehrung freigegeben. Johannes von Damaskus erkannte an, dass die Ikone nur ein Ebenbild ist, das auf das Urbild hinweist und sich von ihm doch unterscheidet. Seit 842 wird es in der ersten Woche der Fastenzeit vor Ostern gefeiert, dass die Ikonenbenutzung in der Kirche freigegeben wurde und auch die Sonntagsorthodoxie. [136] Das Bilderverbot wurde mit der Menschwerdung Gottes durch Jesus Christus als beendet angesehen, also „abgeschafft": Das Verbot aus dem Alten Testament gilt also nicht mehr. [137]

3.3 Bedeutung der Ikonen in der orthodoxen Kirche

Das Wort Ikone stammt vom griechischen Wort „eikän", das übersetzt „Bild" bedeutet. Fromme orthodoxe Familien legen großen Wert auf Ikonen, diese erhalten im Haus den schönsten Platz und die Gebete werden in gebeugter Haltung vor den Ikonen gehalten. Der Sinn einer Ikone ist nicht, das Bildnis selbst zu verehren, sondern das Original möglichst ident wiederzugeben und damit das Heilige und das Unsichtbare besser zu begreifen.[138] Durch Ikonen kommt der Wunsch der Menschen, Gott sehen zu wollen zum Ausdruck. Die

---

[133] vgl. MIRKOVIC (1982), 164
[134] vgl. MIRKOVIC (1982), 167 f.
[135] vgl. MIRKOVIC (1982), 167 f.
[136] vgl. BASDEKIS (2003), 60-61 / ZIBAWI (2003), 29
[137] vgl. POPOVIC / ARSIC (1985), 162
[138] vgl. BASDEKIS (2003), 61

Menschen konnten und können durch die Ikonen Gott mit allen Sinnen spüren.[139] Die Maler der Ikonen sollten eine fromme Lebensweise haben, indem sie sich beispielsweise auf ihre Aufgabe als Maler fastend und betend vorbereiten und kirchlicher Tradition folgend, sollten sie die offenbarten Wahrheiten der heiligen Schrift bildlich darstellen.[140]

Gläubige Orthodoxe verehren die Ikonen – und besonders die Abbildungen Christi sind dabei von großer Bedeutung –, da man glaubt, dass jeder Mensch nach seinem Abbild entstanden ist. (Kol. 3,10)[141] Die heilige Liturgie hebt die Verehrung der Ikonen am ersten Sonntag der Fastenzeit (Ostern) in einem Hymnus hervor:

> „Das nicht umschreibbare Wort des Vaters hat durch seine Fleischwerdung aus dir, Gottesmutter, sich selbst umschrieben. Und indem es das befleckte Bild in seiner Urgestalt wiederherstellte, durchdrang es dieses mit göttlicher Schönheit. Wir bekennen die Erlösung und bilden sie in Werk und Wort ab."[142]

3.4 Die ersten Ikonen der allerheiligsten Gottesgebärerin

Die ersten Ikonen von Jesus Christus sind noch während seines irdischen Lebens entstanden. Danach entwickelte sich mit der Zeit die Ikonenmalerei und die erste Ikone diente vielen anderen Ikonen, vor allem jenen von der allerheiligsten Gottesgebärerin, als Vorbild.[143] Die allerheiligste Gottesgebärerin wurde, während sie noch lebte, vom Apostel und Evangelisten Lukas durch göttliche Inspiration in einem Bild dargestellt und sie selbst hat dieses auch gesegnet: „Meine Hilfe und Kraft sind mit diesem Bild"[144] Dieses Bild stellte später eine Grundlage für weitere Gnadenbilder dar. Mit der Zeit entwickelten sich die Abbildungen der Ikonenmalerei, wie die Kirche sich auch entwickelte. Durch Ikonenmalerei, Freskenmalerei etc. versucht man, visuell die Wahrheit über das Leben und die Werte der allerheiligsten Gottesgebärerin dem Gläubigen näher zu bringen.[145]

Die orthodoxe Kirche wurde durch die byzantinische christliche Kunst, die auf der Tradition und im Kulturraum des Frühchristentums entstand, beeinflusst und man verwendete

---

[139] vgl. BASDEKIS / GALITIS (1987), 127
[140] vgl. GALITIS (1987), 126 f.
[141] vgl. POPOVIC / ARSIC (1985), 162
[142] vgl. TAMCKE, (2007), 33
[143] vgl. MIRKOVIC (1982), 177ff
[144] vgl. ZIBAWI (2003), 29
[145] vgl. ZEITSCHRIFT RASKO- PRIZRENSKE EPARHIJE (1994), 59

die Themen aus den apokryphen Schriften.[146] Aufgrund ihres Lebens, ihres Gehorsams und ihrer Bescheidenheit erlangt Maria eine wachsende Verehrung durch viele Anhänger des Christentums und in der kirchlichen Tradition bzw. Kunst wird ihre Bedeutung durch für sie speziell entworfenen Symbole in der Ikonographie, die ihre Person beschreiben, dargestellt.[147]

> Symbol für die stete Jungfräulichkeit sind 3 Sterne (einer auf der Stirn und jeweils einer auf den Schultern), die darauf hinweisen, dass sie während und nach der Geburt Jesu Christi Jungfrau geblieben ist.
> Auf ihrem Kleid wird eine Stickerei aus goldenen Fäden dargestellt. Die Verwendung dieses goldenen Fadens symbolisiert ihre immerwährende Jungfräulichkeit und da Gold das wertvollste aller Metalle war, betont es Marias Weiblichkeit und ihre Sinnlichkeit
> In Augenhöhe befinden sich die Buchstaben MP OX (Gottesmutter), mit kleineren Buchstaben wird die Art der Ikone beschrieben. Meistens wird die allerheiligste Gottesgebärerin dargestellt:
> als „Betende" (als Symbol für Schutz und Geborgenheit)
> als eine junge Mutter mit ihrem Kind im Schoß
> als junge Frau mit einem blauen Kleid und einem großen roten Schal (Marforij), mit dem nicht nur ihr Körper, sondern auch ihr Kopf bedeckt wird
> Bedeutung mancher verwendeter Farben:
> - Rot: symbolisiert die göttliche Natur, Leben, Liebe und Vitalkraft
> - Blau: symbolisiert die menschliche Natur, Himmel, Wasser ...
> - Gold: symbolisiert den Glanz des göttlichen Wertes, Ewiges ...
> - Braun: Farbe der Erde
> - Purpur: symbolisiert das Königliche und Heilige
> als machtvolle Königin, Herrscherin ...[148]

Mit der Zeit erlangte die allerheiligste Gottesgebärerin größere Bedeutung, da sie als eine Fürsprecherin bei Gott fungiert und somit stieg auch die Anzahl der Ikonenbilder, die sie verehren, außerdem entwickelten sich auch viele verschiedene Arten.

---

[146] vgl. ZEITSCHRIFT RASKO- PRIZRENSKE EPARHIJE (1994), 61
[147] vgl. ZEITSCHRIFT RASKO- PRIZRENSKE EPARHIJE (1994), 119
[148] vgl. ZEITSCHRIFT RASKO- PRIZRENSKE EPARHIJE (1994), 62 ff

3.5 Hodegetria – Wegweiserin

Das ist einer der Typen der Ikonenbilder, die sehr verbreitet sind. Marias Kopf ist leicht nach oben geneigt. Sie befindet sich in einer frontalen Ansicht und wird mit ihrem Kind dargestellt. Ihr Ausdruck ist streng und ernst, was auf den strengen und ernsten orthodoxen Glauben hinweist. Mit ihrem linken Arm umarmt sie ihr Kind und ihre rechte Hand weist auf das Kind, da es „der Weg, das Leben, der Erlöser" ist. Daher wird sie auch „Wegweiserin" genannt. Der Kopf des Gotteskindes ist angehoben und sein Blick ist ernst und gerade gerichtet. Mit der linken Hand segnet es und mit der rechten Hand hält das Kind eine Schriftrolle. In dem kirchlichen Raum wird der beschriebene Ikonentyp als Altarikone verwendet oder auch auf den Wänden angebracht. Die Hodegetria ist kein Ganzkörperbild und es gibt viele verschiedene Benennungen der Ikonen, die zu dieser Gruppe zu zählen sind.[149]

3.5.1 Tricheirousa

Die Tricheirousa gehört zur Gruppe Hodegetria. Diese Ikone (siehe Abbildung 1[150]) wird in der orthodoxen Kirche sehr hoch geschätzt.

Sie wird dem bedeutendsten Heiligen und Lehrer in der Orthodoxie, Johannes von Damaskus, zugeschrieben.[151] Das Bild ist im 8. Jahrhundert während des Ikonenbildverbots entstanden, daher hat er dieses mit vielen Briefen verteidigt. Ihm wurde die rechte Hand abgeschnitten, um dadurch andere daran zu hindern ihn bei seinem Vorhaben zu unterstützen. Nach längeren Gebeten vor der Ikone der allerheiligsten Gottesgebärerin verheilte seine Hand. Die Gebete halfen ihm, weiterhin die Ikonen zu malen. Damit erfüllt er sein Versprechen, welches er beim Beten gegeben hatte: dass er Schriften verfassen möge, die dem

---

[149] vgl. ZEITSCHRIFT RASKO- PRIZRENSKE EPARHIJE (1994), 67
[150] http://www.orthodox-shop.eu/index.php/hl-gottesmutter-tricheirousa-dreihandige-oklad-ikone-silber-ornamentik-reliefiert-und-vergoldet.html (25.09.2013)

[151] vgl. GESCHICHTE DER WUNDERTÄTIGEN IKONE DER ALLERHEILIGSTEN GOTTESGEBÄRERIN „TROJERUCICA" (1996), 10

Schutz der heiligen Ikonen dienten. An der unteren linken Ecke der Ikone zeichnete er eine silberne Hand, die als Zeichen seiner Dankbarkeit und als Erinnerung an das Wunder, das durch Ikonen zu Stande kam.[152] Daher nennt man diese Ikone auch Tricheirousa (dreihändige).

Die Hintergrundgeschichte dieser Ikone hat es auch möglich gemacht, dass dieser Ikone eine hohe Stellung zugewiesen wird. Tricheirousa befindet sich heute am Berg Athos (heiligste Pilgerstädte für die Orthodoxen) im Kloster Hilander. Die allerheiligste Gottesgebärerin segnete diesen Berg (nach kirchlicher Tradition wird berichtet, dass diese Segnung auf einem Wunder beruht), sie ist also die Herrscherin dieses Berges, daher pilgern stets viele Gläubige um sie selbst und die dort befindliche Ikone zu verehren.[153] Der Berg Athos gilt im östlichen orthodoxen Mönchstum als ein Zentrum. Am 12. Juli bzw. 25. Juli nach dem neuen Kalender wird diese Ikone wegen dem ihr zugeschriebenen Wunder festlich über die ganze Nacht gefeiert.[154]

3.5.2 Eleusa – Erbarmerin oder Glykophilousa – süß Küssende

Die allgemeinen Eigenschaften der Ikonentype von Eleusa und Glykophilousa sind folgende: Diese Ikonen weisen auf den mütterlichen Schutz und Liebe der allerheiligsten Gottesgebärerin hin; besonders für die Menschen, die ihre Hilfe und ihr Erbarmen erhoffen. Ihr Gesicht ist zu ihrem Kind geneigt, das in ebenfalls geneigter Haltung den Kopf zu seiner Mutter drückt. Mit einer Hand hält sich das Kind an ihrem Mantel fest und mit der anderen an der Hand der Mutter. Die linke Hand der allerheiligsten Gottesgebärerin zeigt auf das Gotteskind. In ihren Augen lässt sich die Sorge um die Zukunft erkennen (siehe Abbildung 2[155]).[156]

[152] vgl. GESCHICHTE DER WUNDERTÄTIGEN IKONE DER ALLERHEILIGSTEN GOTTESGEBÄRERIN „TROJERUCICA" (1996), 12-14
[153] vgl. NIKOLAU (1995), 119
[154] vgl. GESCHICHTE DER WUNDERTÄTIGEN IKONE DER ALLERHEILIGSTEN GOTTESGEBÄRERIN „TROJERUCICA" (1996), 21-22
[155] http://www.herosart.com/pages/pages_gall/9/Sveta_BogoroditzaEleusa2.jpg (25.09.2013)

3.5.3 Wladimirskaja

Diese Ikone (siehe Abbildung 3[157]) ist durch ein
Wunder entstanden und wird dem Apostel und
Evangelisten Lukas zugeschrieben, der von der
allerheiligsten Gottesgebärerin gesegnet
wurde.[158] Das Gotteskind befindet sich auf dem
rechten Arm der allerheiligsten Gottesgebärerin
und ihre linke Hand berührt das Gewand des
Erlösers. Das Kind schmiegt sich mit der Wange
eng an das Gesicht der allerheiligsten
Gottesgebärerin und umarmt sie am Hals. Dem
Betrachter zeigt sich eine tiefe Beziehung
zwischen Mutter und Kind.[159]

Diese Ikone wird von orthodoxen Christen vor allem in Russland sehr hoch geschätzt, so
dass es gleich drei Gedenktage gibt, an denen die Kirche diese Ikone feiert. Bis zum 5.
Jahrhundert befand sich dieser Ikone in Jerusalem, später wurde sie nach Konstantinopel
gebracht und schließlich landete sie in der Kathedrale von Wladimir in Kiew, daher stammt
auch die Bezeichnung „Wladimirskaja".[160] Viele Gläubige, die großen Wert auf diese Ikone
legen und auf ihre Hilfe warten, beten auf folgende Weise:[161]

„Niemand, der sich an Dich wendet, geht beschämt von Dir weg, Allerheilige Jungfrau,
Gottesmutter, sondern er bittet um Gnade und erhöht die Erfüllung der nützlichen Bitte."[162]

3.5.4 Die Rührung – die Erbarmende

Die Erbarmende ist eine andere Bezeichnung für Elousa. Daher kann das Gotteskind sowohl
auf ihrer linken oder auch auf ihrer rechten Seite platziert sein. Diese Ikone hat in der
Ikonographie eine große Bedeutung, daher gibt es auch viele Kopien. Diese Ikone gibt – wie

---

[156] vgl. ZEITSCHRIFT RASKO- PRIZRENSKE EPARHIJE (1994), 69
[157] http://de.academic.ru/pictures/dewiki/118/vladimirskaya.jpg (25.09.2013)
[158] vgl. LORGUS/DUDKO (2001), 298
[159] vgl. LORGUS/DUDKO (2001), 299
[160] vgl. LORGUS/DUDKO (2001), 298 f.
[161] vgl. LORGUS/DUDKO (2001), 299
[162] LORGUS/DUDKO (2001), 299

auch die bereits erwähnten Formen – die Zärtlichkeit und Rührung in der Beziehung zwischen Mutter und Kind hervorragend wieder.[163]

3.5.5 Platytera – Umfassende

Dieser Ikone (Abbildung 4[164]) wird in der Kirche meistens beim Altar die allerheiligste Stelle gegeben. Es kommt auch vor, dass auf den beiden Seiten der Ikone jeweils Engel dargestellt werden, die sich vor der allerheiligsten Gottesgebärerin verneigen.[165] Die allerheiligste Gottesgebärerin wird stehend dargestellt und ihre Hände sind zum Gebet nach oben gerichtet. Damit ist klar, dass es kein Akt des Bittens ist, sondern ein Akt des sich Öffnens darstellt. Die 3 Sterne, wie bereits erwähnt, dienen als Symbol für die stete Jungfräulichkeit der allerheiligsten

Gottesgebärerin, die sie vor, während und nach der Geburt Jesu Christi behielt.[166]

3.5.6 Platytera – Gottesmutter des Zeichens

Die Gottesmutter des Zeichens ist auf dem nebenstehenden Bild[167] zu sehen. Hier trägt sie im Unterschied zum Platytera ein Medaillon mit dem Bild des Erlösers. Ihre erhobenen Hände zeigen uns, dass sie ewig für uns da ist. Ihre Kleidung ist prachtvoll gestaltet und hat ihr entsprochen. Dieser Typ beruht auf einer Prophezeiung von Jesaja: „Darum wird euch der Herr

---

[163] vgl. LORGUS/DUDKO (2001), 314 f.
[164] http://www.byzantineiconography.com/images/Platytera%20Close%20up.JPG (25.09.2013)
[165] vgl. ZEITSCHRIFT RASKO-PRIZRENSKE EPARHIJE (1994), 65
[166] vgl. HOENRI-JUNG (1991), 45 f.
[167] http://sweptover.blogspot.co.at/2008/05/platytera.html (25.09.2013)

selbst ein Zeichen geben: Siehe die Herangereifte ist schwanger und gebiert einen Sohn und sie gibt ihm den Namen Immanuel (Gott mit uns)." Nach orthodoxem Verständnis gehört diese Ikone zum Typus der prophetischen Ikonen, die dem Betrachter den rechten Weg verkünden. [168]

3.5.7 Entroni

Hier wird, wie auf dem Bild[169] zu sehen ist, die allerheiligste Gottesgebärerin auf königliche Art auf einem Thron sitzend dargestellt. Dieser Typus der Ikonen stellt die allerheiligste Gottesgebärerin besonders prachtvoll dar und ihre Blicke sind für den Betrachter beruhigend. In ihrem Schoß befindet Jesus Christus. Meistens werden auch zwei Engel dargestellt, die sich vor der Gottesmutter verneigen. Der Thron symbolisiert nicht nur ihre Position im irdischen Reich, sondern auch ihre himmlische Bedeutung.[170]

3.5.8 Pelagonitissa (mit spielendem Jesus)

Dieser Ikonentyp (siehe nebenstehendes Bild[171]) zeigt uns die tiefe Beziehung zwischen der allerheiligsten Gottesgebärerin und Jesus Christus und die tiefe mütterliche Liebe zu ihrem Kind ist zu spüren. Es dient als ein Beispiel für die Nähe der Beziehung zwischen Gott und den Menschen, und es berührt die Betrachter mit dem besonderen Gesichtsausdruck.[172] Man sollte seine Beziehungen stets pflegen, da diese im alltäglichen Leben sehr wichtig sind und dieses Bild erinnert uns daran, indem es die Geborgenheit und den Schutz, die Liebe und die Hoffnung sehr gut darstellt. Die

---

[168] vgl. HOENRI- JUNG (1991), 43 ff.
[169] http://www.artflakecom/en/products/duccio-thronende-maria-mit-kind (08.06.2013)
[170] vgl. ZEITSCHRIFT RASKO- PRIZRENSKE EPARHIJE (1994), 69
[171] http://usersch.gr/aiasgr/Theotokos_Maria/Eikonografia_2/Panagia_h_Pelagonitissa_1.htm
[172] vgl. ZEITSCHRIFT RASKO- PRIZRENSKE EPARHIJE (1994), 69 f.

einzigartige Form ihrer Darstellung lässt sie lebendig erscheinen, als würde sie ihren Blick auf den Betrachter richten.[173]

3.6 Die Platzierung der Ikonen auf der Ikonostase

In der orthodoxen Kirche gibt es besonders auf der so genannten „Bilderwand" bzw. Ikonostase eine Vielzahl von verschiedenen Ikonen: Die Ikonostase ist eine Wand, die den Altar von Naos teilt. Diesen Ikonen auf der Ikonostase erhalten eine große Verehrung und Aufmerksamkeit der orthodoxen Christen, sie dienen den Gläubigen als Hilfsmittel, ihre Gebete zu beten und machen die Kirche „lebendig".[174] In räumlich größeren Kirchen werden die Ikonen, darunter auch die Ikonen der allerheiligsten Gottesgebärerin, meistens folgendermaßen platziert:

- o Königliche Tür: symbolisiert die Tür vom Himmelsreich; besitzt zwei Flügeln, links befindet sich der Erzengel Gabriel und rechts die allerheiligste Gottesgebärerin, darunter die vier Evangelisten
- o In der ersten Reihe (bei der königlichen Tür):
  - rechts neben der königlichen Tür befindet sich die Ikone von Jesus Christus und Johannes dem Täufer
  - links neben der königlichen Tür befindet sich die Ikone der allerheiligsten Gottesgebärerin
  - auf der oberen Seite der königlichen Tür befindet sich die Ikone von Jesus Christus (als Prophet bzw. Lehrer dargestellt)
- o Unter der ersten Reihe: sind meistens vier Ikonen von Jesus Christus, der allerheiligsten Gottesgebärerin, Johannes dem Täufer oder Szenen aus dem Alten Testament zu finden
- o In der zweiten Reihe: hier werden zwölf große Feiertage der Christen chronologisch dargestellt (angefangen bei der Geburt der allerheiligsten Gottesgebärerin, über die Einführung in den Tempel, die Verkündigung, bis hin zur Geburt Christi und so weiter ...)
  - In der Mitte: entweder das heilige Abendmahl, welches das Geschehen auf dem Altar darstellt oder die Ikonen von der Dreifaltigkeit
- o In der dritten Reihe („Die Fürbitte"): Ikonen von heiligen Aposteln

---

[173] vgl. ZEITSCHRIFT RASKO- PRIZRENSKE EPARHIJE (1994), 69 f.
[174] vgl. PENO (2002), 66 / TAMCKE (2008), 19 f.

- In der Mitte: Ikone von Jesus Christus als Pantokrator
- Auf der einen Seite: Ikone von der allerheiligsten Gottesgebärerin (Ikonentyp: betende Maria)
- Auf der anderen Seite: die Ikone von Johannes dem Täufer
  - In der vierten Reihe: wird Propheten-Reihe genannt
    - In der Mitte: die Ikone des Zeichens der allerheiligsten Gottesgebärerin (da diese auf die Ankunft Chrisi wartet)
  - Ganz oben: die Ikone von der Kreuzigung Christi
    - Auf der einen Seite: die Ikone der allerheiligsten Gottesgebärerin
    - Auf der anderen Seite: die Ikone von Johannes dem Täufer[175]

Die Ikonostase offenbart uns die wesentlichen Teile der orthodoxen Lehre und betont durch diesen gemalten Katechismus auch die Rolle der allerheiligsten Gottesgebärerin in der Kirche.

3.7 Die Bedeutung der allerheiligsten Gottesgebärerin im orthodoxen Gottesdienst

Im orthodoxen Gottesdienst wird die Verbindung der Gläubigen, die Gott als das Allerwichtigste in ihrem Leben empfinden, mit allen Heiligen, mit dem dreifaltigen Gott, den Aposteln, den Patriarchen sowie mit der allerheiligsten Gottesgebärerin, die eine der wichtigsten Positionen einnimmt, hergestellt.[176] Die Durchführung des Gottesdienstes blieb in der orthodoxen Kirche von der apostolischen Zeit bis heute bewahrt, nahm aber mit der Zeit die heutige Form an. Seit dem Pfingst-Ereignis (Empfang des Heiligen Geistes) findet der Gottesdienst statt, auch die allerheiligste Gottesgebärerin nahm zu ihren Lebzeiten daran teil.[177]

3.8 Akathistos-Hymnus an die allerheiligste Gottesgebärerin

Meistens wird aus den Psalmen aus dem Alten Testament, die als Fundament bzw. Grundlage für Lieder, Hymnen und Akathisten dienen, gelesen. [178] Der Heilige Geist schenkte den gläubigen Dichtern die Gabe, inhaltlich prägnante Gedichte, die vor allem Dankbarkeit,

---

[175] vgl. SVETA LITURGIJA (1997), 101 ff.
[176] vgl. SVETA LITURGIJA (1997), 4
[177] vgl. SVETA LITURGIJA (1997), 3 f.
[178] vgl. MIRKOVIC (1982), 212

Reue und Aufforderung zu guten Taten thematisieren, zu verfassen.[179] In der orthodoxen Kirche ist der Akathistos-Hymnus einer der Marienhymnen, die sehr hoch wertgeschätzt werden und daher auch zu den Beliebtesten zählen. Das Wort Akathistos ist nicht inhaltlich zu interpretieren, sondern deutet auf die Durchführung des Hymnus hin und bedeutet im Griechischen „nicht-sitzend" – während er vorgetragen wird, sollte man also stehen.[180]

Dieser Hymnus dient als Danksagung für Marias Unterstützung bei der Befreiung Konstantinopels von den Persern und Awaren, er wurde im 6. Jahrhundert gedichtet und gilt als der schönste, interessanteste und inhaltlich reichste Hymnus zu Ehren der allerheiligsten Gottesgebärerin.[181] Der Dichter dieses Hymnus ist zwar nicht genau bekannt, aber vermutlich ist es einer der folgenden:

o Romanus der Melode (um 560)
o Sergius, Patriarch von Konstantinopel (610-638)
o Georg von Pisidien (Diakon unter Kaiser Heraklius, 626)
o Germanius, Patriarch von Konstantinopel (858-867)[182]

Der Hymnus besteht aus 24 Strophen, bildet ein Akrostichon, das sich nach dem griechischen Alphabet orientiert und daher beginnt jede Strophe mit dem jeweils folgenden Buchstaben des Alphabets. Später wurden diesem Hymnus zwei Gedichte vorangestellt. Das erste Gedicht (Troparion) dient als eine Einführungsstrophe zum Hauptinhalt des Hymnus und zum Marienlob. Kontaktion, also das zweite Gedicht, wird als Siegeslied der Gottesgebärerin Maria gewidmet. Man unterscheidet zwei Formen der Strophen: die geraden und die ungeraden.

o gerade Strophen: Gotteslob (Halleluja)
o ungerade Strophen: Gruß- sowie auch Lobsprüche an Maria (= Chairetismoi)

Vor allem wird er in der vierzigtägigen Fastenzeit vor Ostern gesungen und somit kommen die Verehrung und die Stellung der allerheiligsten Gottesgebärerin zum Ausdruck. Je ein Viertel des Hymnus wird in den ersten vier Wochen nacheinander vorgetragen und

---

[179] vgl. MIRKOVIC (1982), 213 ff.
[180] vgl. GOTT IST LEBENDIG (2002), 493
[181] vgl. MIRKOVIC (1982), 238
[182] PLUTA (1997), 8

54

anschließend, in der fünften Woche, der Ganze.[183] Es ist auch zu erwähnen, dass der Akathistos-Hymnus eine der am häufigsten verwendeten ikonographischen Darstellungen in der byzantinischen Kirche ist. Vor allem ist er auf Wandmalereien zu sehen, vereinzelt aber auch auf Ikonen. Den 24 Strophen des Hymnus werden auch 24 Darstellungen zugeordnet, die „Häuser der Jungfrau Maria" genannt werden.[184]

In den ersten 12 Strophen wird die Kindheitsgeschichte Jesu Christi, von der Verkündigung bis zur Darstellung im Tempel, thematisiert und die restlichen Strophen sind auf die allerheiligste Gottesgebärerin als Jungfrau und Mutter hin orientiert.[185] Die Darstellungen der ersten 12 Strophen sind nach der Reihe folgende:

o   Phasen der Verkündigung (drei Darstellungen)
o   Empfängnis durch den Heiligen Geist
o   Mariae Heimsuchung
o   Ratlosigkeit Josefs über die Junggeburt bzw. die Jungfrauenschwangerschaft
o   Huldigung der Hirten
o   Himmlisches Geschehnis über Betlehem
o   Besuch der drei Weisen
o   deren Rückkehr
o   Flucht nach Ägypten
o   Darstellung Jesu im Tempel[186]

Akathistos fasst die Vorgeschichte und Verehrung der allerheiligsten Gottesgebärerin und ihre bedeutende Rolle in der orthodoxen Kirche zusammen. Der Hymnus ist sehr rhythmisch verfasst, sodass dieser einen besonderen Eindruck bei den Gläubigen hinterlässt.[187]

3.9 Bitt- und Trostkanon an die allerheiligste Gottesgebärerin in der orthodoxen Kirche

Der Mensch neigt dazu, seine innere Gefühlswelt sowie die Begeisterung über etwas zum Ausdruck zu bringen. Dies gelingt einem am besten durch Gedichte und Lieder. Die

---

[183] EKSCHMITT (1994), 91
[184] EKSCHMITT (1994), 91
[185] PLUTA (1997), 9
[186] EKSCHMITT (1994), 91
[187] siehe Anhang, 106-111

gläubigen orthodoxen Christen machen ihren Glauben durch kirchliche Lieder bekannt und diese dienen ihnen auch als eine Form der Gebete.[188] Der Bitt- und Trostkanon an die allerheiligste Gottesgebärerin findet meistens in Klöstern Verwendung. Es ist aber auch gläubigen Christen gestattet, zu ihm zu beten oder ihn zu besingen, wenn ihnen die Bedeutung dieses Kanons bewusst ist.[189]

Die Form der Lieder ist mit der Entwicklung der kirchlichen Gedichte entstanden. Als Gründer dieser Art von Liedern oder Kanons wird Andrei von Kreta genannt und seine Nachfolger waren Kosma und Johannes Damaskus. Als Grundlage dienten ihnen 9 der biblischen Lieder. Es entstand eine rhythmische, religiöse Poesie. Mit der Zeit wurden die Kanons eigenständiger, sodass sie sich nicht mehr so stark auf die 9 biblischen Lieder bezogen. Bei einigen Kanons wurden auch Tropare hinzugefügt.[190] Der erste Kanon wurde von den Mönchen des Klosters Studion in Konstantinopel gedichtet und von daher wurde er in den byzantinischen Gottesdienst übernommen.[191] In früheren Zeiten fanden aber an den Werktagen der Fastenzeit die Kanons nicht in ihrer ganzen Form Anwendung, sondern wurden nur teilweise vorgetragen.[192]

Der Kanon wird üblicherweise im gleichen Ton gesungen. Im Durchschnitt besteht ein Kanon aus 8 Liedern, von denen jedes jeweils 4 Strophen hat. In der letzten Strophe wird die allerheiligste Gottesgebärerin hoch gelobt, da man dadurch die Dankbarkeit ihr gegenüber für die Beteiligung an der Gründung der christlichen Kirche bekunden will. Der Kanon beinhaltet eine Reihe von 8 Liedern, die nach ihrem Inhalt der biblischen Themen eingeteilt sind. Um die Dankbarkeit zum Ausdruck zu bringen, werden die Kanons in der göttlichen Liturgie gesungen. Sie beinhalten Irmos, die Strophen der so genannten Oden. Sie dienen als Vorbild für die nachfolgenden Lieder, die Tropare.[193] Der Bitt- und Trostkanon wird im Anhang angeführt.[194]

---

[188] vgl. MIRKOVIC (1982), 260 f.
[189] vgl. JUSTIN CELIJSKI (1999), 396
[190] vgl. MILOSEVIC (1982), 226
[191] vgl. GEBETE AUS DER ORTHODOXEN KIRCHE (1982), 102
[192] vgl. MILOSEVIC (1982), 226
[193] vgl. MIRKOVIC (1982), 227 f.
[194] siehe Anhang, 112-113

3.9.1 Troparion

Glühende Fürsprecherin und unüberwindliche Mauer, Quelle der Barmherzigkeit, Zufluchtsstätte der Welt, dir rufen wir inbrünstig zu: Herrin und Gottesgebärerin, eile und befreie uns aus aller Not, du schnelle Unterstützung.[195] Es folgen noch weitere Strophen, die das Lob der allerheiligsten Gottesgebärerin ausdrücken.

In der göttlichen Liturgie der orthodoxen Kirche wird die Rolle der allerheiligsten Gottesgebärerin für das allgemeine Heilsmysterium besonders in Hymnen und Kanonen geäußert. Durch die Geburt ihres Sohnes, Jesus Christus, wird es den Christen möglich, die Ewigkeit zu erreichen, daher wird durch Kanons die Verbundenheit Maria gegenüber kundgetan.

3.9.2 Gebete zur allerheiligsten Gottesgebärerin

In den Gebeten tritt das innere Gefühl eines Menschen in Erscheinung. So, wie die Menschen selbst, so sind auch die Arten der Gebete sehr verschieden.[196] Im Alten Testament ist der Psaltir, ein Gebetsbuch zur Lobpreisung Gottes, zu finden. Die Kirche übernimmt den Psaltir, sodass alle Gottesdienste damit enden können. Der Psaltir diente der neuen christlichen Kirche als Grundlage für neue Gebetsarten der Danksagung, Bitten und Wünsche, die die hohe Majestät Gottes loben.[197]

Ein Gebet besteht gewöhnlich aus drei Teilen:

o   Danksagung => für alles, was man hat
o   Fürbitte
o   Verherrlichung => Gotteslob[198]

Gebete der gläubigen orthodoxen Christen richten sich an Gott. Da aber die allerheiligste Gottesgebärerin als Vermittlerin zwischen den Gläubigen und Gott fungierte, wird sie in vielen der Gebete erwähnt. Durch das Gebet erhofft man sich die Nähe Gottes, Sicherheit und

---

[195] http://deutschorthodox.wordprescom/2008/03/12/kleiner-trost-oder-bittkanon-an-die-allheilige-gottesgebarerin/ (09.06.2013)
[196] PENO (2002), 70
[197] GOTT IST LEBENDIG (2002), 472 f.
[198] vgl. Hl. NIKOLAJ VELIMIROVIC (2008), 75 f.

ewiges Leben im Himmel.[199] Da ein gläubiger Christ die allerheiligste Gottesgebärerin als seine eigene Mutter betrachtet, vertraut er auf ihre Hilfe in schwierigen Situationen.

Es gibt zahlreiche Gebete, die von Heiligen oder anderen gläubigen Christen durch die Kraft Gottes verfasst wurden. Da die allerheiligste Gottesgebärerin während ihres irdischen Lebens sich Gott widmete und daher als gutes Beispiel für eine fromme Lebensweise gilt, wird sie in Gebeten häufig genannt. Im alltäglichen Leben stoßen Menschen öfters an ihre Grenzen, daher sind sie dementsprechend auf Gebete angewiesen und somit verlassen sie sich auf die Unterstützung seitens der allerheiligsten Gottesgebärerin, da sie immer für uns da ist.[200] Ein Grund dafür, dass in vielen Gebeten die allerheiligste Gottesgebärerin genannt wird, ist, dass ihre weltliche Anwesenheit durch ihr Vertrauen zu Gott und ihre Gehorsamkeit ihm gegenüber geprägt war. Als eine Fürsprecherin zwischen Mensch und Gott bzw. zwischen Erde und Himmel bringt sie diese beiden jeweils in Verbindung und mit ihrer eigenen Lebensweise gab sie uns ein gutes Beispiel, das wir nachahmen sollten.[201]

Das siebte Ökumenische Konzil von Nicäa vereinbarte im Jahr 787, die Verehrung und die Fürbitte zur allerheiligsten Gottesgebärerin zusammenzuschließen: „Wir wurden gelehrt, zu ehren und zu preisen zunächst und vornehmlich und wahrhaftig die Gottesmutter, die höher ist als andere himmlische Kräfte...", daher kommt sie in viele gottesdienstlichen Ritualen vor.[202] Bereits ab ihrem dritten Jahr fing die allerheiligste Gottesgebärerin an, Gott und dem Gotteshaus zu dienen, dies nicht nur durch ihre Gebete sondern durch ihre Dienste.[203] Da die allerheiligste Gottesgebärerin die tugendhafteste aller Frauen gewesen ist, wurde ihr ein Gottesbote (Engel) gesandt, der für sie folgendes Loblied sang:

3.9.3   Loblied auf die allerheiligste Gottesmutter

„Gottesgebärerin, Jungfrau, freue dich, begnadete Maria, (= Bestätigung ihrer hohen Wertstellung) der Herr ist mit dir, du bist gesegnet unter den Frauen (= sie wird stets von Gott unterstützt) und gesegnet ist die Frucht deines Leibes, denn geboren hast du den Erlöser unserer Seelen. (= sie wird für ihre Rolle gelobt)"[204]

---

[199] vgl. RANKOVIC (1993), 50
[200] vgl. LARENTZAKIS (2001), 115 f.
[201] Vgl. SVETI FILARET MOSKOVSKI (2002), 44ff
[202] vgl. LARENTZAKIS (2001), 117
[203] vgl. SVETI FILARET MOSKOVSKI (2002), 104
[204] vgl. PRAVOSLAVNA VERONAUKA 2004/2005 4-5

3.9.4 Aus den Morgengebeten

Als unsere Fürsprecherin wird sie bereits in den Morgengebeten erwähnt und dadurch verweilt sie in unsere Nähe

... heilig, heilig bist Du, o Gott.

Erbarme Dich unser um der Gottesgebärerin willen![205]

3.9.5 Aus den Abendgebeten

Auch als Einführung und Abschluss bei anderen Gebeten wird auf ihre Unterstützung nicht verzichtet. [206]

.... Öffne uns das Tor der Barmherzigkeit, gepriesene Gottesgebärerin,

auf das wir, die wir auf dich hoffen, nicht verloren,...[207]

3.9.6 Gebet zur allerheiligsten Gottesgebärerin

„Gütige Mutter des gütigen Herrschers, allerreinste und gesegnete Gottesgebärerin Maria, gieße die Barmherzigkeit deines Sohnes und unseres Gottes auf meine leidenschaftliche Seele lenke mich durch deine Gebete zu guten Taten, damit ich die übrige Zeit meines Lebens ohne Makel verbringe und durch dich das Paradies erlange, du einzig Reine und Gesegnete. Amen."

Es gibt noch zahlreiche Gebete, die wie bereits in der Einführung erwähnt in der göttlichen Liturgie Gebrauch finden. Es ist auch zu erwähnen, dass zu jeder einzelnen ihrer wundertätigen Ikonen ein Gebet verfasst wurde.

---

[205] vgl. DIE BIBEL IN KURZEN ERZÄHLUNGEN (2009), A8
[206] vgl. ARHIEPISKOP FINSKI PAVLE 1984 73
[207] vgl. DIE BIBEL IN KURZEN ERZÄHLUNGEN (2009), A10

4 Die allerheiligste Gottesgebärerin im orthodoxen Religionsunterricht

Das schönste Geschenk für die Menschheit brachte der Sohn der allerheiligsten Gottesgebärerin, Jesus Christus, durch seine Mutter. Durch ihre Eigenschaften wie Frömmigkeit, Bescheidenheit, freiwilliger Gehorsam gegenüber Gott (siehe oben im Text), hat sie die Menschheit auf ihre Art gerettet und dadurch einen ehrenhaften Platz sowohl in der orthodoxen Kirche, als auch im orthodoxen Religionsunterricht erlangt. Wegen der Verehrung des Menschen für Jesus Christus, wird auch die allerheiligste Gottesgebärerin als Heilige verehrt.

Um den orthodoxen Religionsunterricht zu realisieren, gibt es den sogenannten Lehrplan, der eine große Bedeutung für die religiöse Bildung in der Schule einnimmt. Der Lehrplan hat das religiöse und sittliche Benehmen zum Ziel und soll die Gestaltung des Religionsunterrichts für Lehrkräfte erleichtern. Der Religionsunterricht ist unter anderem auch davon abhängig, aus welchem Umfeld die Kinder kommen, insbesondere ob sie positive oder negative Beziehungen beispielsweise zu den Eltern haben. Die Thematisierung der Beziehungen im Religionsunterricht hat auch Auswirkungen auf die zukünftigen Beziehungen der Kinder.[208] Um einen Lehrplan möglichst gut zu verwirklichen sind auch wichtige fachdidaktische Methoden anzuwenden. Zum Einen sollen die Lernziele des Unterrichts verfolgt werden, indem man feststellt welche Beobachtung, Einstellung und Methode angewendet werden sollen und zum Anderen soll man eine Methode entwickeln, mit Hilfe welcher man möglichst viele Ziele des Unterrichts erreichen kann. Zusätzlich soll der aktuelle Stand und die Erreichbarkeit des Lehrplans regelmäßig überprüft werden. [209]

Mit Hilfe des Religionsunterrichts sollen Schülerinnen und Schüler in die Gesellschaft integriert werden. Für das Zusammenleben mit anderen Kulturen und Religionen ist es eine wichtige Voraussetzung, dass sich SchülerInnen in ihrer eigenen Religion beheimatet fühlen. Dies dient auch dazu, dass zukünftige Zusammenleben zu sichern und zum selbstsicheren und selbstbewussten Mitglied der Gesellschaft zu werden.[210] Die allerheiligste Gottesgebärerin findet sich im Lehrplan des orthodoxen Religionsunterrichts nicht nur im konkreten Thema, das sich auf sie bezieht, sondern auch in fast allen anderen Themenbereichen, sodass ihre

---

[208] COYNE/MURRELL (2011), 166
[209] vgl. WEIDMANN et al, 2002, 30
[210] vgl. Lehrplan für den orthodoxen Religionsunterricht an Volksschulen, 2008, 4 f.

Bedeutung für das jeweilige Geschehen betont wird. Im Themenbereich des Alten Testaments wird die allerheiligste Gottesgebärerin eher durch Prophezeiungen darüber, dass die Errettung der Menschheit durch eine Jungfrau erwartet wird, angesprochen. Im Themenbereich des Neuen Testaments wird die Rolle der allerheiligste Gottesgebärerin indirekt (Christi Himmelfahrt, Pfingsten usw.), aber auch direkt vor allem durch die Feste im Kirchenjahr, die ihrer Person gewidmet sind und auch durch Hymnen, Gebete und Ikonen in ihren Namen, erwähnt. Die Themen im Religionsunterricht stehen nicht jeweils jedes für sich selbst. Sie stehen zueinander in einer Wechselbeziehung. Je nach der gewählten Methode, kann man das jeweilige Thema entsprechend ausweiten. Wenn man beispielsweise Liturgien behandelt, wird man auch in das Thema der Glaubensgeschichte eintauchen, um Liturgien erklären zu können.

In der Bibel wird man kaum Informationen über die allerheiligste Gottesgebärerin finden. Die Informationen, die wir haben, wurden uns rein aus den Übertragungen der kirchlichen Tradition vermittelt. Sie wird dennoch in den Lehrplan des orthodoxen Religionsunterrichts stark eingebunden, aufgrund ihrer vorbildhaften Lebensweise. Aufgrund dessen wird auch ihre Rolle in der orthodoxen Kirche immer bedeutsamer. Somit ist sie mit der orthodoxen Kirche verwurzelt. Für die Schülerinnen und Schüler des orthodoxen Religionsunterricht soll sie ein gutes Beispiel dafür darstellen, dass ein Mensch durch seine vielen guten Eigenschaften zu einem Heiligen erkoren werden kann.

Der orthodoxe Religionsunterricht stellt eine vakante Rolle in der Gesellschaft dar. Generell sollen im Religionsunterricht Wissen und Werte vermittelt und die Kompetenzen der Kinder entwickelt werden. Teil des Lehrstoffes ist auch die Lebensweise der allerheiligsten Gottesgebärerin. Diese wird gelehrt und den Schülerinnen und Schülern ans Herz gelegt. Dadurch soll erreicht werden, mit der allerheiligsten Gottesgebärerin als Vorbild, dass die Kinder auch in Zukunft in Gerechtigkeit und Frieden leben. Mit dieser Intention wird auch das Ziel verfolgt, dass der Mensch soziales Engagement entwickelt, aber auch eine kritische Geisteshaltung einnimmt. Weiters soll der Mensch die Würde der eigenen Person und der Person Dritter achten. Dadurch soll er auch tolerant und respektvoll gegenüber anderen Personen sein. Demnach betreffen diese Lebensweisen nicht nur den Religionsunterricht, sondern sollen ebenfalls die Erziehung und die Bildung prägen. Aus diesem Grund und der großen Bedeutung der allerheiligsten Gottesgebärerin für den Religionsunterricht, wird ebendiese im folgenden Kapitel näher behandelt.

4.1 Die allerheiligste Gottesgebärerin als Mutter

Durch die allerheiligste Gottesgebärerin nimmt eine neue Epoche ihren Anfang und durch den Heiligen Geist den sie empfangen hat nimmt sie eine besonders hohe Stellung an. Als Mutter des Gottessohnes wählte der Schöpfer eine Frau, die viele Tugenden vereinte und da Maria einen sehr starken Glauben an Gott pflegte, war sie imstande, die Aufgabe, die der Schöpfer ihr zutrug, sehr gut zu meistern. Dadurch verhalf die allerheiligste Gottesgebärerin, die Planung Gottes zur Erlösung der Menschheit zu erfüllen. [211]

Jesus Christus ist als Ursprung unseres Glaubens zu sehen und seine Existenz verdanken wir der allerheiligsten Gottesgebärerin, dadurch nimmt sie nicht nur die Rolle der Gottesmutter an, sondern ist auch als Mutter aller gläubige Christen zu betrachten.[212] Im orthodoxen Glaubensbekenntnis wird ihre mütterliche Rolle erwähnt und dass Jesus Christus seinen irdischen Anteil von ihr als Gottesgebärerin (Theotokos) erbt und das Himmlische von seinem Vater.[213] Während ihres irdischen Lebens hatte die allerheiligste Gottesgebärerin mit dem Gottessohn schwierige Zeiten durchzustehen. Ihre Lebensweise oder die Art wie sie mit solch schweren Situationen umging, sind als Wegweisung für alle Mütter, die an sie glauben, zu sehen. [214]

Die christlichen bzw. orthodoxen Frauen haben die allerheiligste Gottesgebärerin nur in ihrer mütterlichen Rolle nachzuahmen, also sollten sie keine besondere Tätigkeit in der Kirche bestreben. Liebe als Errettung der Menschheit steht in der christlichen Glaubensrichtung im Mittelpunkt und gerade die allerheiligste Gottesgebärerin hatte eine der höchsten Formen der Liebe in sich.[215] Die Voraussetzung für eine fromme Lebensweise ist die Übertragung der christlichen Lehren, wie Nächstenliebe, Barmherzigkeit und andere Tugenden an den Nachwuchs, indem man sich selbst als Vorbild darstellt und dies gelingt einem vor allem durch Nachahmung der Lebenshaltung der allerheiligsten Gottesmutter.[216] In der Familie sollten der Glaube an Gott und die Durchführung von Gebeten als etwas Selbstverständliches gehalten werden. Dadurch wird erreicht, dass Kinder sich in ihrem zukünftigen Leben auf Gott verlassen. Heutzutage ist es nicht zu übersehen, dass viele Frauen

---

[211] vgl. LARENTZAKIS 2000 110 ff.
[212] vgl. SCHMEMANN 2010 20
[213] vgl. LARENTZAKIS 2000 119
[214] vgl. RANKOVIC 2008 132
[215] vgl. RANKOVIC 2008 81
[216] vgl. KUBUROVIC 1999 15

ihrer Mutterrolle unter der alltäglichen Überlastung der Existenzbeschaffung nicht genügend nachgehen können.[217] Obwohl vor ihr viele Mütter existierten, nahmen sie keine bedeutende Stellung an und dies zeigt auch, dass sie durch ihre Hingabe zu Gott und als eine liebevolle Mutter sich ihre Position in der christlichen Kirche verdient hat. Ihre Bedeutung als Gottesmutter geriet mit der Zeit nicht in Vergessenheit, sondern nimmt im Gegenteil an Wert zu.[218] Mütter haben einen sehr großen Einfluss auf ihre Kinder. Sie nehmen unter anderem eine Vorbildfunktion ein. Im Religionsunterricht wird die Person der Mutter besprochen. Es geht darum zu vergleichen und für sich selbst zu interpretieren, welche Werte und Eigenschaften die ideale Mutter haben sollte.[219] Der Schöpfer zeigt uns durch die allerheiligste Gottesgebärerin ein Beispiel seiner Güte, indem er ihr die Türe seines himmlischen Reiches offen ließ.[220]

4.2 Die allerheiligste Gottesgebärerin als Fürbitterin

Es ist ein alter Gebrauch bei den Gebeten heilige und fromme Menschen zu erwähnen, um damit die Gebete zu unterstützen. Daher wird auch die Heilige Gottesmutter heute in den Gebeten berücksichtigt, das heißt also, die allerheiligste Gottesgebärerin ist als eine Brücke zwischen dem irdischen und himmlischen Reich zu betrachten.[221] Der gläubige Christ erhofft sich durch ihre Erwähnung in den Gebeten eine besondere Auswirkung, da sie selbstverständlich ihrem Sohn und Gott näher steht. Daher wird sie in der orthodoxen Kirche mehr geehrt als Cherubim und alle anderen Boten Gottes.[222] Durch ihre Frömmigkeit und ihren starken Glauben an Gott ist die Funktion als Fürsprecherin, die sie in den Gebeten der orthodoxen Kirche einnimmt, wohl verdient.[223]

Durch die kirchliche Übertragung nimmt sie nach ihrer Entschlafung die ihr zugesprochene Stellung im himmlischen Reich ein und daher wird ihr die Rolle der Fürsprecherin zugesagt.[224] Auch im schulischen Bereich wählt man für die Position des/r KlassensprecherIn lieber eine/n, die/der in den Augen der LehrerInnen und DirektorIn eine gewisse Beliebtheit, durch vor allem vorbildliches Verhalten, besitzt. Durch dieses Beispiel ist es auch ersichtlich,

---

[217] vgl. KUBUROVIC 1999 14
[218] vgl. SVETI FILARET MOSKOVSKI (2002), 78
[219] Vgl. DOMMEL (2001), 26
[220] vgl. KUBUROVIC 1999 37
[221] vgl. FELMY 1990 90
[222] vgl. FELMY 1990 95
[223] vgl. SVETI FILARET MOSKOVSKI (2002), 16
[224] vgl. SVETI FILARET MOSKOVSKI (2002), 97

wieso ausgerechnet der allerheiligsten Gottesgebärerin die Bestimmung als Fürsprecherin zuteil wurde. Ihre Rolle als Fürsprecherin wird in orthodoxen Kirchen nicht nur in den Gebeten betont, sondern auch durch zahlreiche Ikonen, Hymnen etc.

4.3 Die allerheiligste Gottesgebärerin als Erzieherin

Seine menschlichen Charakterzüge hat Jesus Christus der allerheiligsten Gottesgebärerin zu verdanken. Einige seiner Eigenschaften und Züge wurden als göttlich angesehen. Die Erziehung wurde der Menschheit als Gottesgnade geschenkt, da sonst ein Kind im Leben auf sich allein gestellt wäre. Die Erziehung erlebt bei der allerheiligsten Gottesgebärerin die Vollkommenheit. Als eine besonders gläubige Frau hatte die allerheiligste Gottesgebärerin die Möglichkeit Jesus Christus, Gottes Sohn, zu erziehen, indem sie ihn durch alle Lebensabschnitte begleitet hat und hierbei auch die Gelegenheit hatte, seine Güte und Schönheit zu erleben. [225]

Die Erziehung ist auch heutzutage wesentlich, da ein Kind stets Eltern bzw. Erzieher braucht, die sich ganz ihm oder ihr widmen, sodass es im Leben zurechtkommt. Eltern können die allerheiligste Gottesgebärerin als Vorbild nehmen. Durch die unendlichen Anreize in der heutigen Konsumwelt müssen Eltern immer öfter „Nein" zu ihren Kindern sagen und damit viele ihrer Wünsche verweigern. Sie befürchten jedoch, dass sich ihre Kinder dadurch von ihnen abwenden. Das Nein-Sagen wird zudem mit der Zeit sehr nervenaufreibend und anstrengend. [226] Im Religionsunterricht spielt die Erziehung ebenfalls eine wichtige Rolle. Kindern wird vermittelt, welche Werte in der religiösen Erziehung eine wichtige Rolle spielen. Dazu zählen beispielsweise Liebe, Zuwendung und Vertrauen.

4.4 Die allerheiligste Gottesgebärerin als Beschützerin

In der orthodoxen Kirche wird die allerheiligste Gottesgebärerin auch als Beschützerin von Gläubigen anerkannt. In zahlreichen Gebeten wird die allerheiligste Gottesmutter als Beschützerin angesprochen und es stellt sich auch heraus, dass sie sich diese Ansprache wohl verdient. Man hat auch zu sehen bekommen, dass durch einen starken Glauben an Gott, Jesus und durch ihn auch die allerheiligste Gottesmutter wahre Wunder hervorbringen. Eines der uns bekannten Wunder ist die aus dem 8. Jahrhundert stammende dreihändige Ikone der

---

[225] vgl. NOUVEN DICKKOFF 2007, 76 f.
[226] Vgl. ANGST (2007), 13

allerheiligsten Gottesgebärerin, Tricheirousa, von Johannes von Damaskus, die er ihr als Geschenk für ihre Güte zustellt. Dieses Ereignis wurde durch kirchliche Traditionen noch bis heute bewahrt. Dabei ist anzumerken, dass die allerheiligste Gottesgebärerin die Gläubigen stets beschützt hat.[227]

Dieses Beispiel dient auch im orthodoxen Religionsunterricht dazu, den Schülerinnen und Schülern die beschützende Rolle der allerheiligsten Gottesmutter zu erklären und somit die Wahrheit dessen bewusst zu machen. Manchen Schülerinnen und Schülern kommt dieses Ereignis auch aus ihren eigenen Erfahrungen bzw. aus der sozialen Umgebung bekannt vor. In der heutigen, postmodernen Zeit haben Kinder mehr Freiheiten, so auch im Religionsunterricht. Den Wert der Beschützerin sollte dennoch im Religionsunterricht vermittelt werden. Im Religionsunterricht sollen sie erkennen, dass sie einen zusätzlichen Schutz im Glauben erfahren können, dass sie im alltäglichen Leben beschützt werden und dass sie auch selbst Beschützer und Beschützerinnen sein können.[228]

4.5 Warum brauchen wir Vorbilder?

Die Erfahrung und Zeit zeigt uns, dass wir Vorbilder aus verschiedenen Gründen brauchen. Wir brauchen sie, um Bewundern zu können, um Ziele zu entwickeln, um Lebensmöglichkeiten zu erkennen und Mut zu erlangen. Vorbilder haben Talente, sind mutig, sind einfallsreich, selbstlos und haben einen starken Durchhaltewillen. Sie heben sich von der eigenen Person ab. Das Ziel des Menschen ist es, die Vorbilder nahezu völlig zu kopieren.[229]

„Jeder Mensch als Ebenbild Gottes ist ein würdiger Gegenstand, um sich an ihm und seinem Lebensentwurf zu spiegeln und von ihm zu lernen."[230]

Dieses Zitat lässt den Gedanken zu, dass Vorbilder in der beschriebenen Form nicht unbedingt eine gute Funktion erfüllen. Sie verursachen lt. diesem Zitat Unterschiede zwischen den Menschen. Vor Gott hat aber jeder Mensch eine Vorbildfunktion. Jedoch können sie, wie im folgenden Text beschrieben, bestimmte Eigenschaften mitnehmen, wie z.B. den Glauben an Gott, die den Menschen dazu auffordern ebensolche Gefühle nicht nur zu bekämpfen, sondern sie gar nicht erst zu entwickeln.

---

[227] vgl. Geschichte der Wundertätigen Ikone der allerheiligsten Gottesgebärerin „Trojerucica" (1996), 10ff
[228] Vgl. BITTER ET. AL. (2002), 296f
[229] vgl. SIGG (2009), 84f
[230] MENDL (2006), 8

4.5.1 Die allerheiligste Gottesgebärerin als Vorbild

Das Thema „Vorbilder" war in der Vergangenheit immer wieder ein Thema im Gesellschaftsleben. In den letzten Jahrzehnten wurde es nicht zuletzt wegen zunehmender Möglichkeiten für den Menschen relevant. Der Mensch wird gleichzeitig von einer Vielzahl von Sinnesentwürfen und Optionen konfrontiert, jedoch damit alleingelassen. Nun kommen die Vorbilder ins Spiel. Diese helfen dem Menschen und bilden die Grundlage für eine Entscheidungsfindung.[231] Vorbilder können nun verschiedenste Personen sein, z.b. Freunde, Familie, Politiker, Sportler – und auch Heilige. Diese werden nicht zuletzt deshalb verehrt, weil sie die Zeugen für das von Gott geschenkte Heil in bestimmten geschichtlichen und gesellschaftlichen Situationen darstellen. Damit wird uns auch gezeigt, dass bedeutende Menschen nicht einfach durch den Tod von uns völlig getrennt werden. Sie bleiben uns durch die Übertragungen erhalten und stellen Vorbilder für ein gutes Leben dar. Als wichtiger Bestandteil der orthodoxen Kirche ist auch die Verehrung der allerheiligsten Gottesgebärerin.[232]

Im Kindesalter sind die Eltern die naheliegendsten Vorbilder. Neben der Familie als Bezugspersonen sind auch die Umgebung und die Konfession, zu welcher sie gehören, eine wichtige Bezugsgruppe.[233] Mit der Zeit, spätestens im Jugendalter gewinnen in dieser Hinsicht aber auch andere Personengruppen, wie Politiker, Wissenschaftler, Lehrer, etc. an Bedeutung. In der Zeit nach dem zweiten Weltkrieg haben Jugendliche begonnen diese Personengruppen als Vorbilder in Frage zu stellen. Weiters haben sich auch die Erziehungsziele entwickelt. So verloren Worte wie Gehorsam, Ordnung und Fleiß immer mehr an Bedeutung. Schlussendlich bleiben dann aber die Eltern die führenden Leitfiguren, wenn auch nicht absichtlich. Menschen neigen dazu, ihre Eltern nachzuahmen. Dies ist nachvollziehbar, da diese ihnen auch ihre Werte und Lebensweisen weitergeben und sie dabei unterstützen (und beeinflussen), ihre Fähigkeiten, wie Empathie, Kommunikation und Sozialkompetenz zu entwickeln.[234] Wie sich also Menschen verhalten, was sie voneinander halten und füreinander fühlen, lernen sie in der Familie, von ihren Eltern und Geschwistern.

---

[231] www.thchur.ch (Stand: 25.06.2013)
[232] vgl. MIKLUSCAK et al in *Das Wort* (1/2013), 12
[233] vgl. WEIDEMANN (2002), 45
[234] vgl. MENDL (2005), 235ff

Die Entwicklung des Menschen hängt demnach zum größten Teil vom Verhältnis zu den Eltern ab.[235]

Aus Sicht der Religion ist Jesus Christus das primäre Vorbild für christliche Menschen. Er hat sich seinen Werten unterworfen und sich auf das Lebenswichtige konzentriert. Inwieweit das jedoch in der heutigen Gesellschaft, die sehr konsum- und leistungsorientiert agiert, übernommen und so gelebt werden kann, ist fraglich.[236] Durch diese Orientierungen vergessen die Menschen oft auf ihre Werte bzw. verdrängen diese, weil es die Situation so verlangt.

Wie die kirchlichen Übertragungen der Heiligen nun von den Menschen erfasst werden und inwiefern sie als Vorbilder verstanden und übernommen werden, bleibt jedem selbst überlassen. Die Lehrpersonen des orthodoxen Religionsunterrichts sollen die Schülerinnen und Schüler dabei unterstützen, den eigenen Weg für die Zukunft zu finden, Vorbilder auszuwählen und Werte zu entwickeln. Jedoch gelten aus kirchlicher Sicht die Eltern auch als Vorbilder. Sie werden als „heilige Familie" angesehen und dadurch auch überfordert. Obwohl die Familie vorrangig autonom lebt, wird mit verschiedenen Angeboten versucht, die Familie an die Kirche zu binden. Beispiele dafür sind die Taufe, zur Eingliederung in die Gemeinde und zur Ritualisierung einer eigenen Familienfeier. Jedoch sind Familien nicht für die Kirche da, sondern im Gegenteil. Die Kirche sollte Eltern unterstützen:[237]

o bei der Entwicklung gemeinsamer Riten, z.B. Familien- & Festrituale, Gebetskultur, Liturgien, etc.
o bei der Kultivierung der Grundkräfte des Grundvertrauens, der positiven Lebenseinstellung, der Befähigung der Prosozialität.
o beim Vorleben von Lebenseinstellungen und Werten und
o bei der Thematisierung von religiösen Fragen.

---

[235] vgl. HURRELMANN/G. UNVERZAGT (2000), 61
[236] vgl. MENDL (2005), 196
[237] vgl. MENDL (2005), 242

4.6 Die allerheiligste Gottesgebärerin in der orthodoxen Lehrplan an Volksschulen

Der Lehrplan des orthodoxen Religionsunterrichts an Volkschulen ist in drei Themenbereiche unterteilt: [238]

1. Biblische Heilgeschichte (biblisches Grundwissen und die biblische Urgeschichte)
2. Liturgisches Leben in der Kirche (die verschiedenen kirchlichen Feste)
3. Orthodoxe Spiritualität (das Symbol des Kreuzes, das Gebet, die Patronen und die Verehrung der Ikonen)

Der Lehrplan ist so konzipiert, sodass genügend Zeit für die Berücksichtigung der Fragestellungen seitens der Schülerinnen und Schüler und aktuelle Ereignisse übrig bleibt. [239] Die Lehrkraft sollte den Unterricht so planen, dass beispielsweise durch Symbole und verschiedene Medien den Schülern und Schülerinnen die Möglichkeit geboten wird, eigene Interpretationen zu machen und Erkenntnisse zu erlangen. Die oben genannten Themen sollten so aufbereitet werden, dass die Schülerinnen und Schüler interaktiv dem Unterricht folgen können. Das Thema der allerheiligsten Gottesgebärerin nimmt im orthodoxen Religionsunterricht eine wesentliche Stellung ein, sodass dieses Thema sich durch alle vier Volksschulstufen und durch alle drei Themenbereiche zieht. In den jeweiligen Schulstufen wird ihre Rolle im jeweiligen Themenbereich behandelt.

4.6.1 Merkmale von Kindern im Alter von 6-10 Jahren bzw. der Volksschulausbildung

In diesem Altern schwanken Kinder zwischen den Gefühlen Geborgenheit und Verlassen-Werden. Sie können gut unterscheiden zwischen z.B. Wunscherfüllung und Enttäuschung, Gut und Böse, Leben und Tod, etc. Sie können sich alles bildlich vorstellen. Sie können jedoch nicht den Sinn bzw. die Bedeutung dieser Gefühle oder Ereignisse verstehen. Ebenso können Sie nicht ergründen, welche Botschaft oder Wahrheit dahintersteht. Sie sind weiters nicht in der Lage Dinge zu hinterfragen. In dieser Hinsicht sind sie eingeschränkt. Sie können lediglich mit dem Unterschied zwischen Gut und Böse umgehen. Gute Menschen sollen belohnt, böse Menschen bestraft werden. [240]

---

[238] vgl. Lehrplan für den orthodoxen Religionsunterricht an Volksschulen, 2008, 8.
[239] vgl. Lehrplan für den orthodoxen Religionsunterricht an Volksschulen, 2008, 7
[240] Vgl. WEIDMANN et al (2002), 118

4.6.2 Themenaufteilung in den einzelnen Schulstufen der Volksschule

1. Schulstufe

In der ersten Schulstufe der Volksschule wird im Themenbereich 3, welcher die orthodoxe Spiritualität betrifft, die Verehrung der allerheiligsten Gottesmutter in Form der Ikonen als Thema behandelt.

2. Schulstufe

In der zweiten Schulstufe der Volksschule ist der allerheiligste Gottesgebärerin in allen drei Themenbereichen zu begegnen. Einige Beispiele zu einzelnen Themen sind:

o   Von der Gottesmutter

o   Die Verkündigung der Geburt Jesu

o   Feste der Gottesmutter

o   Gebete zur Gottesmutter und Ikonen des Erlösers und der Gottesmutter, etc.

In vielen anderen Themen wird ihre Rolle nur indirekt betont. Das Leitmotiv dieser Schulstufe ist „Gott mit uns - Gottes Sohn", der ohne ihre Anteilnahme nicht zur Welt gebracht worden wäre. Einer der Lernziele beinhaltet folgendes: „Die Schülerinnen und Schüler sollen in die rechte Verehrung der Gottesmutter eingeführt werden..."

3. + 4. Schulstufe

In der dritten und vierten Schulstufe der Volksschule wird die Rolle der allerheiligsten Gottesgebärerin lediglich indirekt in den Themenbereichen erwähnt.

Der Lehrplan für den orthodoxen Religionsunterricht der Volksschule gibt Rahmenbedingungen vor. Welche Themen im Detail im Unterricht vorgestellt und diskutiert werden, bleibt den Lehrenden selbst überlassen. Das Thema der allerheiligsten Gottesgebärerin ist meiner Meinung nach für die Schülerinnen und Schüler der Volksschule sehr interessant und angenehm zu bearbeiten. Dies ist nicht zuletzt mit Hilfe der unterschiedlichen Medien und Methoden möglich. Kinder lernen meiner Erfahrung nach einfacher und lieber mit Unterstützung von Bildern, welche durch die Ikonen gegeben sind.

Mit den verschiedenen Übungsbeispielen wie Vorzeigen, Frage & Antwort, Beobachtung, etc. wird auch die Interaktion untereinander gesichert.

4.7 Die allerheilige Gottesgebärerin an Hauptschulen und Kooperative Mittelschule

Im orthodoxen Religionsunterreicht ist die religiöse und sittliche Bildung der SchülerInnen das Bildungsziel. Dazu zählen der Wissenserwerb im Niveau der entsprechenden Schulstufe, die Ermittlung von angemessenem Fachwissen und die Vermittlung von Werten.[241]

4.7.1 Merkmale von Kindern im Alter von 11-16 Jahren bzw. der HS/KMS

In diesem Lebensstadium werden Kinder nicht nur von der Familie, sondern auch von der Außenwelt beeinflusst. In dieser Zeit erleben sie auch einen Entwicklungsschub und fangen an, rational zu denken, was wiederum zu Veränderungen der Persönlichkeit führen kann. Kinder sind nun nicht mehr einfach nur gehorsam, sondern möchten die Hintergründe erfahren. Dies gilt nicht nur für Eltern sondern auch für Lehrkräfte. Kompetenzen müssen in der Betrachtung der Kinder erwiesen werden.[242] Besonders in der zweiten Klasse der Mittelschule kommt die Pubertät zum Vorschein, vermehrt bei Mädchen. Ihr Interesse richtet sich zunehmend an das Fremde und Unbekannte.[243]

4.7.2 Themenbereiche der HS/KMS

In der zweiten Schulstufe der HS/KMS lautet sogar das Leitmotiv „Allerheilige Gottesgebärerin, rette uns!", sodass die allerheiligste Gottesgebärerin fast in jedem einzelnen Thema vorkommt. Sowie in jeder anderen Schulstufe an der HS/KMS werden auch hier die Themenbereiche in drei Teile gegliedert: Berufung zur Heiligkeit, liturgisches Leben der Kirche und die orthodoxe Spiritualität.[244] Damit versucht man den Schülerinnen und Schülern die folgenden Lernziele zu übermitteln:

Die Schülerinnen und Schüler sollen

---

[241] vgl. Lehrplan für den orthodoxen Religionsunterricht an AHS(Unterstufe), Hauptschulen und Polytechnischen Schulen, 2010, 4
[242] Vgl. WEIDMANN et al (2002), 119
[243] Vgl. BOSOLD/KLIEMANN (2003), 26
[244] vgl. Lehrplan für den orthodoxen Religionsunterricht an AHS(Unterstufe), Hauptschulen und Polytechnischen Schulen, 2010, 7

o die wichtigsten Situationen des Lebensweges der Gottesmutter kennenlernen und für ihr unablässiges Wirken für die Christen sensibel werden.

o ihr eigenes Leben mit allen Entwicklungsschwierigkeiten und Problemen im Lichte der Vollendung in Christus sehen lernen. [245]

Inhaltlich ist es ein Ziel, in der zweiten Schulstufe der HS/KMS die von der Kirche geprägten Feste und Gebete den Schülern näherzubringen. Im Religionsunterricht sollte man versuchen gegenüber den Schülerinnen und Schülern nicht nur die Wissensvermittlung zu erzielen, sondern auch eine Lebenshilfe zu leisten, indem man sie im und durch den Glauben unterstützt. Es sollte auch angestrebt werden, die Frage nach dem Sinn bzw. den Grund des Lebens durch und aus der Perspektive des Glaubens zu beantworten.[246] In dieser Phase des Erwachsenwerdens ist die allerheiligste Gottesgebärerin ein willkommenes Thema. Aus der Erfahrung kann man sagen, dass die Schülerinnen und Schüler oft Parallelen und Ähnlichkeiten zu ihrem eigenen Leben ziehen können. Sie können die Lebensereignisse der allerheiligsten Gottesgebärerin oft gut mit ihren eigenen Erfahrungen vergleichen und sich darin erkennen. Schüler in diesem Alter, der Haupt- und kooperativen Mittelschule, kennen das Gefühl der Ablehnung und Anerkennung sehr gut. Die Geschichte der allerheiligsten Gottesgebärerin kann in diesem Fall sehr unterstützend wirken. Sie vermittelt ihnen wichtige Werte und Lebensratschläge. Kindern sollten deshalb Perspektiven gezeigt und geboten werden. Die Thematisierung der allerheiligsten Gottesgebärerin zeigt, welche Perspektiven einem das Leben bieten kann.

In der HS/KMS gelten einige didaktische Grundsätze. Beispielsweise soll hier an die Vorkenntnisse und erlebten Erfahrungen angeknüpft werden. Die Selbsttätigkeit, soziale Integration und Eigenverantwortung werden gelehrt und die Schülerinnen und Schüler sollen hierzu auch Bezüge zum Alltag herstellen.[247] Die Themen können durch verschiedene Methoden aufbereitet werden. In den folgenden Stundenbildern werden einige aufgezeigt.

---

[245] Lehrplan für den orthodoxen Religionsunterricht an AHS(Unterstufe), Hauptschulen und Polytechnischen Schulen, 2010, 9
[246] vgl. WEIDMANN et al, 2002, 231
[247] vgl. Lehrplan für den orthodoxen Religionsunterricht an AHS(Unterstufe), Hauptschulen und Polytechnischen Schulen, 2010, 4

4.8 Stundenbilder

In Anbetracht dessen, dass eine Vielzahl der Themen der HS/KMS der allerheiligsten Gottesgebärerin gewidmet sind, hat sich die Autorin dazu entschieden, die Stundenbilder für die HS/KMS zu gestalten.

4.8.1 Thema: Verkündigung (LK 1,26-38)

Dieses Thema befindet sich im orthodoxen Lehrplan im Themenbereich 1 „Berufung zur Heiligkeit – die Allheilige" unter Punkt 1.1.4.

2. Klasse HS/KMS

LEHRZIEL: Die Lehrpersonen sollen die Bedeutung der Verkündigung, die den Anfang der Rettung der Menschheit darstellt, den Schülerinnen und Schülern näherbringen.

LERNZIEL:

o Die Schülerinnen und Schüler sollen verstehen, welche Rolle der allerheiligsten Gottesgebärerin durch die Verkündigung in der Rettung der Menschheit von Gott zugewiesen wurde und das Gelernte in eigenen Worten wiedergeben können.

o Die Schülerinnen und Schüler sollen den Engelsgruß „Gegrüßt seist du Begnadete"... erlernen.

o Die Schülerinnen und Schüler sollen die Beziehung zwischen Gott und den Menschen erkennen, welche durch die Gehorsamkeit und Liebe der allerheiligsten Gottesgebärerin zustande gekommen ist.

Zeit	Phasen	Inhalt	Methode	Medien
5 Min.	Beginn	Begrüßung: Gebet	Nachsagen	
5 Min.	Einführung in das Thema	- Über Engel und seine Eigenschaften - Den Kindern wird ein Bild[248] der Verkündigung gegeben und sie sollen es in Ruhe anschauen und dann sagen, was sie darauf sehen.	Bildbetrachtung, Interpretation	Tafel, Ikonen
20 Min.	Hauptteil	- Der Lehrer erklärt, dass auf diesem Bild Maria, die Mutter Jesus, zu sehen ist und ein Engel, der ihr sagt, dass sie das Kind Gottes bekommen wird. - Maria als junge Frau und ihr Leben ohne Eltern	Erzählung - Frontalunterricht, Frage & Antwort (gesamte Gruppe), Meinungen austauschen,	

---

[248] Siehe Anhang 96, Bild 1

| | | - Maria war ein guter und braver Mensch, der sehr feinfühlig und sehr gehorsam war und anderen half. Gott hat sie auserwählt seinen Sohn zu bekommen.
- Maria sagt JA zu Gott.
- Den Kindern werden Fragen gestellt. Z.B.: Marias Leben
- Von wem hat sie die Verkündigung bekommen?
- Über Marias Frömmigkeit und Gehorsamkeit | Erklärung | |
| 20 Min. | Vertiefung | - Arbeitsblatt: Rätsel[249]
- Ergebnisauswertung | Heft, Arbeitsblatt, Schreiben | |

4.8.2 Thema: Die allerheiligste Gottesgebärerin Maria besucht Elisabeth Lk 1, 39-56

Dieses Thema befindet sich im orthodoxen Lehrplan im Themenbereich 1 „Berufung zur Heiligkeit – die Allheilige" unter Punkt 1.1.5.

2. Klasse HS/KMS

LEHRZIEL: Anhand der Geschichte soll den Kindern beigebracht werden, dass der Glaube an Gott Liebe und Vertrauen fordert.

LERNZIEL:

o   Elisabeths Lobesworte an Maria merken und begreifen, dass Elisabeth die erste war, die Maria als Mutter Gottes erkannte

o   Die Kinder sollen erkennen, dass der Glaube Maria und Elisabeth verbindet

o   Die Kinder sollen durch die Geschichte lernen, wie wichtig es ist, jemanden zu haben, dem man vertrauen kann

Zeit	Phase	Inhalt	Methode	Medien
5 Min.	Beginn	Begrüßung, Gebet	Stehen	Kreuz
5 Min.	Einstieg	Bildbetrachtung: - Äußerungen Eindrücke der Schüler - Was seht ihr auf dem Bild[250]? - Was ist besonders am Bild? (Umarmung, Nähe, Vertrauen, ...)	Beobachtung, Betrachtung, Interpretation	Bibel, Bild vom Besuch Marias bei Elisabeth
20 Min.	Hauptteil	Erzählgeschichte nach Lk 1,39-56 Lehrerin: - Was haben Elisabeth und Maria gemeinsam? (Glaube, Schwangerschaft,...) - Was geschah mit Elisabeth, als sie	Erzählung	

---

[249] Siehe Anhang 102; Arbeitsblatt 1
[250] Siehe Anhang 97; Bild 2

		Maria sah?	Meinungen, Lehrer-Schüler Gespräch	
		- Woher wusste Maria, dass Elisabeth schwanger war?		
		- Marias Glaube wird von Elisabeth anerkannt.		
		- Elisabeth hat Maria als Gottesmutter anerkannt.		
		- Für wen würdest du dich einsetzen und wem würdest du vertrauen?		
20 Min.	Vertiefung	Wie könnte das Gespräch zwischen Elisabeth und Maria abgelaufen sein?	Arbeitsblatt, Gruppenarbeit, Nachspielen, Äußerungen	Stifte
		- In Gruppenarbeit das Gespräch auf dem Arbeitsblatt[251] notieren		
		- die Ergebnisse der Gruppenarbeit als kurzes Theaterstück nachspielen		

---

[251] Siehe Anhang 103; Arbeitsblatt 2

4.8.3   Thema: Die ersten Ikonen der allerheiligsten Gottesgebärerin

Dieses Thema befindet sich im orthodoxen Lehrplan im Themenbereich 3 „Orthodoxe Spiritualität" unter Punkt 3.1.

2. Klasse HS/KMS

LEHRZIEL: Den Kindern die ersten Ikonen der allerheiligsten Gottesgebärerin näher bringen und erklären, dass nach ihrem Vorbild alle weiteren Ikonen der allerheiligsten Gottesgebärerin entstanden sind

LERNZIEL:

o   Die Schülerinnen und Schüler sollen erfahren, welche Ikone die erste der allerheiligsten Gottesgebärerin war und von wem sie angefertigt wurde

o   Die Schülerinnen und Schüler sollen anhand ihrer eigenen Erfahrungen die Wichtigkeit der Ikonen der allerheiligsten Gottesgebärerin erkennen und verstehen, dass Ikonen in der orthodoxen Kirche eine bedeutende Rolle spielen.

Zeit	Phase	Inhalt	Methode	Medien
5 min	Beginn	Begrüßung/ Gebet	Nachsagen, Stehen	
5 min	Einführung in das Thema	Ratespiel: Die Kinder sollen die Buchstaben erraten und das Wort „Ikonen " erklären. Ikonen sind besondere Bilder von Gott, den Heiligen, der Jungfrau Maria...	Raten, Tafel, Erklären, Gespräch mit gesamter Gruppe	Ikonen
20 min	Hauptteil	- Die erste Ikone der allerheiligsten Gottesgebärerin erschien noch zu ihren Lebzeiten, welche sie selbst segnete. - Ein Beispiel einer Ikone der allerheiligsten Gottesgebärerin mit Jesus wird den Schülerinnen und Schülern gezeigt[252] - Über die Ikonenverehrung sprechen und über ihre Bedeutung für die orthodoxen Christen - Vortrag über die Ikonen der allerheiligsten Gottesgebärerin - Gespräche mit den Kindern über Ikonen, die sie zu hause haben und über die Wunder, die in Verbindung mit den Ikonen der Gottesmutter geschehen - Viele Ikonen sind der allerheiligsten Gottesgebärerin gewidmet. Die erste Ikone, die von Apostel Lukas	Sitzkreis, Erzählen, Betrachtung, Schüleräußerungen, Schreiben,	Ikonenbilder

---

[252] Siehe Anhang 98; Bild 3

		gezeichnet wurde, diente später als Vorbild für alle anderen Ikonen der allerheiligsten Gottesgebärerin		
20 Min.	Vertiefung	Ein Beispiel einer Ikone der allerheiligsten Gottesgebärerin, das als Puzzle in Teile geschnitten wurde, soll von den Schülerinnen und Schüler in Partnerarbeit zusammenfügt werden[253]	Puzzle zusammenfügen Partnerarbeit	Puzzle

4.8.4 Thema: Ikone der dreihändigen allerheiligsten Gottesgebärerin (Tricheirousa)

Dieses Thema befindet sich im orthodoxen Lehrplan im Themenbereich 3 „Orthodoxe Spiritualität" unter Punkt 3.1.

2. Klasse HS/KMS

LEHRZIEL: Die Lehrkraft soll die Bedeutung der Ikone der dreihändigen allerheiligsten Gottesgebärerin den Schülern und Schülerinnen erklären.

LERNZIEL:

o   Die Schülerinnen und Schüler sollen erfahren, welche Wunder der Ikone der dreihändigen allerheiligsten Gottesgebärerin zugeschrieben werden.

o   Die Schülerinnen und Schüler sollen anhand der Ikone der dreihändigen allerheiligsten Gottesgebärerin und der Geschichte über Johannes von Damaskus die Tugend der Dankbarkeit erkennen.

o   Das Vertrauen der Schülerinnen und Schüler an Gott soll durch diese Geschichte gestärkt werden.

Zeit	Phase	Inhalt	Methode	Medien
5 Min.	Beginn	Gefühlsrunde, Wiederholung der vorherigen Stunde, gemeinsames Gebet	Äußerung, Stehen, Nachsingen	
10 Min.	Einführung in das Thema	- Was ist ein Wunder? - Wo passierten Wunder? - Im Alltag: Liebe, Straßenverkehr, Wetter, etc. - Biblisch: als Urheber der Wunder ist Gott	Frage, Äußerung, Erzählen	
20 Min.	Hauptteil	- Vor über 1.000 Jahren wurden die Wunder der Ikonen der allerheiligsten Gottesgebärerin und die anderen Wunder aus dieser Zeit	Erklären, Sesselkreis, Betrachtung, Lehrer/Schüler	Ikonen der dreifaltigen allerheiligsten Gottesgebärerin[254]

---

[253] Siehe Anhang 99; Bild 4
[254] Siehe Abbildungsverzeichnis 97; Abbildung 1

		gewahrt - Den Streit über die Ikonen und dessen Bedeutung in der Geschichte erzählen. - Johannes von Damaskus unterstützte die Verehrung der Ikonen, weswegen er bestraft wurde und seine rechte Hand zur Strafe abgeschnitten wurde. - Gebet von Johannes von Damaskus und Heilung. - Die Wunder bis zum heutigen Tag diskutieren, die durch den Glauben an die Ikonen entstanden sind. - Kurze Wiederholung der genannten Punkte -> Fragerunde	Gespräche, Frage & Antwort	
15 Min.	Vertiefung	- Die Schülerinnen und Schüler erhalten ein Bild der allerheiligen Gottesgebärerin zum Ausmalen[255] - Als Beispiel dient die Ikone, die im Hauptteil der Stunde bereits gezeigt wurde[256]	malen	Buntstifte

4.8.5 Thema: Akathistos für die allerheiligste Gottesgebärerin

Dieses Thema befindet sich im orthodoxen Lehrplan im Themenbereich 2 „Liturgisches Leben der Kirche" unter Punkt 2.3. Da dies ein sehr umfangreiches Thema ist, hat die Autorin geplant, es in drei Stunden zu bearbeiten. Die nachfolgenden Lehr- und Lernziele beziehen sich auf alle drei Stunden.

2. Klasse HS/KMS

LEHRZIEL: Die Lehrkraft soll die Bedeutung von Akathistos im Zusammenhang mit der allerheiligsten Gottesgebärerin erklären.

LERNZIEL:

o   Die Schülerinnen und Schüler sollen ...

- erkennen, weshalb Akathistos geschrieben wurde.
- die Entstehung des Akathistos verstehen.
- verstehen, weshalb Akthistos der allerheiligsten Gottesgebärerin gewidmet ist und dass es eine Danksagung an die allerheiligste Gottesgebärerin ist.
- die Worte der Dankbarkeit aus den Akathistos wiedergeben können
- Akathistos lesen und nutzen.

---

[255] Siehe Anhang 100; Bild 5
[256] Siehe Abbildungsverzeichnis 97; Abbildung 1

- die Fortsetzung des Akathistos in der heutigen Zeit verstehen.
- erkennen, dass man etwas Gutes leisten muss, um Lob zu erhalten.
- durch die Plakate das Gelernte in kreativer Weise vertiefen.

4.8.5.1 1. Stunde

Zeit	Phase	Inhalt	Methode	Medien
5 Min.	Beginn	Begrüßung, Gebet mit SchülerInnen	Kreuz, Nachsprechen	
5Min.	Einführung in das Thema	Lehrer fragt: - Welche Lieder hörst du gerne? - Was wird in diesen Liedern besungen? - Gespräch mit den Schülern über: - moderne Lieder (Madonna, Lady Gaga, Britney Spears)	Meinung äußern	
25 Min.	Hauptteil	In einer Spirale, die auf der Tafel aufgezeichnet wird, werden die Buchstaben von innen nach außen eingetragen. Jeder zweite Buchstabe soll aneinandergereiht werden und man soll so zu einer Lösung kommen. Das Lösungswort ist „Akathistos". Die Bedeutung dieses Wortes: - Rituelle Anweisung des Hymnus „Stehen". - Er besteht aus 24 Strophen, deren Anfangsbuchstaben fortlaufend das griechische Alphabet ergeben: ABCEDARIUS - Schönste Danksagung an die allerheiligste Gottesgebärerin von den Einwohnern Konstantinopels nach einer Belagerung auf ihre Fürbitte, durch welche sie von den Feinden Konstantinopels errettet wurden. - Das Akathistos wird während der Osterfastenzeit gebetet oder gesungen. - Die ersten drei Strophen werden vorgelesen und erklärt.	Stehen, Lesen, Spiralen-Rätsel lösen Lehrervortrag lesen	Tafel, Spirale Overheadprojektor
15 Min.	Vertiefung	Wem willst oder kannst du DANKE sagen (Eltern, Freunde, Großeltern)? Eine Danksagung auf dem Arbeitsblatt verfassen und die Buchstaben ausmalen. Das Arbeitsblatt ins Religionsheft kleben[257]	Schreiben, ausmalen	Arbeitsblatt, Buntstifte, Heft

---

[257] Siehe Anhang 104; Arbeitsblatt 3

4.8.5.2   2. Stunde

THEMA: Akathistos Strophen 4-12

Zeit	Phase	Inhalt	Methode	Medien
5 Min.	Beginn	Gefühlsrunde, Kreuzzeichen	Kreuz, Äußerungen	Kreuz
5 Min.	Einführung in das Thema	Wiederholung der vorherigen Stunde - Akathistos und seine Aufteilung - Lehrkraft fragt, auf was sich die drei Strophen des Akathistos beziehen (Verkündigung)	Lehrer – Schüler Gespräch, Vorzeichnen,	
20 Min.	Hauptteil 1	Vortrag der Lehrkraft (Strophen 4-12): - Die Strophen wurden dichterisch geschrieben und enthält schöne Aussagen und bezieht sich auch die Zeit von der Verkündigung bis zur Begegnung des Herren - Anerkennung der allerheiligsten Gottesgebärerin durch Elisabeth, ihrer Cousine - Die Prophezeiungen erfüllen sich - Kurzbeschreibung der einzelnen Strophen - Akathistos ist in der orthodoxen Kirche ikonografisch dargestellt. Diese Ikonen werden die kleinen Häuser der allerheiligsten Gottesgebärerin genannt. - Wir lesen stehend den Akathistos	Erzählung, Erklärung, Frage & Antwort, Stehen Nachsagen, Lesen	Overheadprojektor
20 Min.	Vertiefung	Es wird jeweils eine Strophe den Schülern zugeteilt und diese soll von den Schülern bildlich dargestellt, also gezeichnet werden.	Schreiben, Zeichnen	Stifte, Papier

4.8.5.3   3. Stunde

THEMA: Akathistos Strophen 13-24

Zeit	Phase	Inhalt	Methode	Medien
5 Min.	Beginn	Gebet	Singen, Stehen	
5 Min.	Einführung in das Thema	Wiederholung der vorherigen Stunde - Beschreibe die einzelnen Strophen	Frage & Antwort	
15 Min.	Hauptteil	- In den nächsten Strophen (13-24) werden ihr Leben und ihre Errettung der Menschheit beschrieben. - Wem könnte der Christ seine Sorgen anvertrauen, wenn nicht der allerheiligsten Gottesgebärerin - Ihre unendliche Liebe zu ihrem geliebten Sohn und zu uns allen. - Sie zeigte uns dem Weg durch das Leben und das Licht für das Volk, welches im Dunklen lebte. - Der Dichter beschreibt und ermöglicht uns die Hoffnung, Mut und dass wir uns auf sie verlassen können. - Lehrkraft erklärt die einzelnen Strophen (13-24)	Lehrervortrag L-S-Gespräch	Overheadprojektor Akathistos-Text
25 Min.	Vertiefung	Plakatgestaltung: - Die Zeichnungen der letzten Stunde werden vorbereitet - Ein großes Plakatpapier wird vorbereitet und in die Mitte wird eine Illustration der Ikone der allerheiligsten Gottesgebärerin aufgeklebt. Rundherum werden die von den Schülern und Schülerinnen gezeichneten 24 kleinen Häuser mit den eigenen Interpretationen des Akathistos der allerheiligsten Gottesgebärerin ausgeschnitten und geklebt.[258]	Basteln, Gruppenarbeit	Stifte, Plakat, Kleber, Papier, Schere

---

[258] Siehe Skizze im Anhang 101; Bild 6

4.8.6   THEMA: Allerheiligste Gottesgebärerin als Vorbild im Glauben

Dieses Thema befindet sich im orthodoxen Lehrplan im Themenbereich 3 „Orthodoxe Spiritualität" unter Punkt 3.3.

2. Klasse HS/KMS

LEHRZIEL: Die Lehrkraft soll die Bedeutung der allerheiligsten Gottesgebärerin als Vorbild den Schülerinnen und Schülern erklären sowie ihre hohe Schätzung von Seiten der orthodoxen Christen näherbringen.

LERNZIEL:

- o   Die Schülerinnen und Schüler sollen ...
  - die Taten und guten Worte der allerheiligsten Gottesgebärerin nennen können.
  - dem Vortrag zuhören und ihn wiedergeben können.
- o   Den Schülern und Schülerinnen soll von der allerheiligsten Gottesgebärerin ein guter Eindruck entstehen und sie sollen ihre Tugenden nachahmen.

Zeit	Phase	Inhalt	Methode	Medien
5 Min.	Beginn	Begrüßung: Gebet		
5 Min.	Einführung in das Thema	- Über Vorbilder reden, Anregungen - Beispiel für Vorbilder sind meistens: Musiker, Schauspieler, Sportler, ... - Warum ist jemand ein Vorbild? Was macht ihn/sie so besonders? (Ideen, Durchhaltewillen, Talent, Mut, Glaube, ...) - Vorbilder brauchen wir, um bewundern zu können, um ähnliche Ziele definieren zu können, um eine Orientierung im Leben zu finden	Lehrer – Schüler Gespräch, Äußerungen, Ideen	
20 Min.	Hauptteil	Als wichtigste weibliche Person des neuen Testaments ist die allerheiligste Gottesgebärerin: - Ihre große Bedeutung wegen ihrer Beziehung zu Gott und wegen der Geburt des Sohn Gottes - Über ihre verschiedenen Lebenssituationen sprechen - Nach ihrer Entschlafung ist sie weiterhin im Glauben mit den Menschen vereint - In der orthodoxen Kirche ist sie neben allen anderen Heiligen auf Platz Eins und ist tief im Glauben verwurzelt - In der katholischen Kirche wird ihr auch eine große Bedeutung zugeschrieben, in der evangelischen hat sie vorwiegend eine vorbildliche Funktion im Glauben - Es werden Lieder zur allerheiligsten Gottesgebärerin gesungen ("Gegrüßet seist du	Lehrer – Schüler Gespräch Gesang	Ikonen, Tafel

		Maria") - Durch ihren Gehorsam und den starken Glauben an Gott ist sie für uns ein Vorbild im Glauben		
15 Min.	Vertiefung	Arbeitsblatt: Antwort begründen[259]	Schreiben, Denken, Eintragen	Stifte, Arbeitsblatt

4.9 Reflexion der Stundenbilder

Die Unterrichtsstunden im Religionsunterricht nützen den Kindern insofern, als dass sie ihre Meinungen und Gefühle frei äußern können. Dazu ist es auch hilfreich als Lehrkraft Fragen zu stellen, um sie dazu anzuregen ihre Ansichten und Meinungen mit der Gruppe zu teilen. Das Thema sollte klar erklärt werden, sodass die Inhalte miteinander gut verknüpft werden können. Die Erkenntnisse aus dem Unterricht können in verschiedensten alltäglichen Lebenssituationen angewendet werden. Die bearbeiteten Themen und Werte sollen und stellen Parallelen zu Denkweisen im Alltag in verschiedenen Bereichen, wie Beziehungen, schwierigen Situationen (Krankheit, Krieg, etc.), Hilfeleistungen und Ähnlichem dar. In der Konfession, welcher die Kinder zugehörig sind, finden die Kinder viele Ansätze, welche sie für ihren weiteren Lebensweg als Orientierung nutzen können. In der Gesellschaft aus der Zeit der allerheiligsten Gottesgebärerin gab es zwar andere, aber auch sehr viele Reize und Herausforderungen wie in der heutigen, modernen Zeit. Die Liebe zu und der Glaube an Gott soll den Kindern Perspektiven vorzeigen und Sicherheit geben. Im Leben ist sowohl Liebe, als auch Gehorsam für verschiedenste Bereiche im Leben wichtig (z.B. eigene Persönlichkeit, Beziehungen, Arbeitsleben), was die allerheiligste Gottesgebärerin vorgelebt hat. Diese genannten Beispiele sollen für die Kinder ein Hilfsmittel für ein geistliches und frommes Leben darstellen. Weiters soll es ihnen helfen ihre Kreativität auszuleben und zu erkennen, dass neben den vielen Trends im 21. Jahrhundert auch andere Werte bestehen.

---

[259] Siehe Anhang 105; Arbeitsblatt 4

4.10 Zusammenfassung

Bei der Recherche für diese Arbeit habe ich festgestellt, dass es zum Thema der allerheiligsten Gottesgebärerin, abgesehen von der Bibel, wenig fundierte Literatur gibt. Die meisten Informationen über sie, die auch in der recherchierten Literatur zu finden waren, wurden lediglich über kirchliche Traditionen in die heutige Zeit getragen. Im Anschluss an diese Erkenntnis habe ich die wenige Literatur zusammengetragen, sie analysiert und die relevanten Inhalte in diese Arbeit einwirken lassen.

Der Mensch, als das höchste Geschöpf Gottes, hat die Verehrung des Schöpfers als Aufgabe. Die Gottesgebärerin gilt uns als Vorbild, wie und nach welchen Glaubensrichtlinien wir leben sollten. Mit ihrer Geburt haben wir erfahren, welche Schritte im Leben notwendig sind, damit wir dasselbe wahrhaftige Leben und die Ewigkeit erreichen.[260] Abgesehen von ihren Tugenden hat die allerheiligste Gottesgebärerin ihren eigenen Sohn aus Dankbarkeit als Darbringung Gott geschenkt und in den Tempel gebracht. Diese selbstlose Tat und ihre Lebensweise sollen uns als Beispiel für ein gutes und ehrfürchtiges Leben dienen.[261]

Die Verkündigung wurde zum Feiertag ernannt, da an diesem Tag der von Gott gesandte Engel Gabriel die allerheiligste Gottesgebärerin besuchte und ihr Gottes Nachricht über ihre Geburt überbrachte. Ihre Annahme und Bejahung dieser Nachricht und somit die positive Antwort an Gott, sollte die Menschheit erretten und wird deshalb an diesem Tag als Verkündigung gefeiert. Dies hat auch die Annäherung des Menschen zu Gott und dass wir, die Menschen, den Willen Gottes erfahren, ermöglicht.[262] Im Alten Testament haben auch schon die Vorseher prophezeit, dass eine Frau geboren wird, sie als Jungfrau gebären wird und dennoch Jungfrau bleibt. Dies ist danach auch geschehen und diese Frau wurde als Maria, die allerheiligste Gottesgebärerin in der orthodoxen Kirche anerkannt und verehrt.[263] Mit den Jüngern Christi hat sie auch den orthodoxen Glauben zwischen den Menschen verbreitet. Durch ihr Ableben auf der Erde hat sie die Menschen dennoch nicht verlassen. Deshalb hoffen auch die Menschen auf ein ewiges Leben.[264]

Maria als Auserwählte Gottes, weckte das Interesse und den Glauben bei den Menschen. Sie stellte durch ihren Glauben, ihre Demut und ihre Gehorsamkeit ein Vorbild für ein würdiges und gesegnetes Leben dar. Besonders im Religionsunterricht sollte nicht nur das

---

[260] vgl. SCHMEMANN (1992), 212
[261] vgl. SVETI FILARET MOSTOWSKI (2002), 54
[262] Vgl. SCHMEMANN (1992), 212
[263] vgl. SVETI FILARET MOSTOWSKI (2002), 12
[264] vgl. SCHMEMANN (1992), 213f

Wissen über sie übermittelt werden, sondern es sollte versucht werden, die Schülerinnen und Schüler dazu zu bringen, sie als Vorbild wahrzunehmen und ihre Tugenden und Persönlichkeitsmerkmale nachzuahmen. Sie sollte als Beispiel dienen, wie Menschen untereinander leben und wie sie sich gegenseitig behandeln sollten. Ihre unbegrenzte Liebe gegenüber Gott zeigt uns, dass es möglich und erstrebenswert ist, trotz schwieriger Zeiten den Glauben und die Hoffnung nicht aufzugeben.

Eine weitere Erkenntnis war, dass neben dem Glauben vor allem die Familie die Persönlichkeit eines Menschen formt. Jedoch verbringen Familien heutzutage immer weniger Zeit miteinander. Eltern haben durch das rasante und stressreiche Arbeitsleben kaum noch Zeit für ihre Kinder und Verwandten. Kinder und Jugendliche verbringen ihre Freizeit vermehrt mit neuen Medien, dem Internet und den Social Media Plattformen. Sie vermissen den sozialen Kontakt, nicht zuletzt zu ihren Eltern und Verwandten. So verändert sich das Vorbild, welches auch die Eltern darstellen. Man verlernt das soziale Miteinander im realen Leben.

In der orthodoxen Kirche hat die allerheiligste Gottesgebärerin eine besondere Bedeutung und einen wichtigen Platz. In der Liturgie wird sie visuell durch Ikonen dargestellt, in Liedern und Gebeten erwähnt, durch die sich die Menschen beschützt und sicher fühlen.[265] Auch im orthodoxen Religionsunterreicht kommt ihr eine besondere Bedeutung zu. In der zweiten Klasse der Hauptschule wird ihr ein größerer Anteil im Lehrplan zuteil. Die Schüler sollen dadurch die allerheiligste Gottesgebärerin kennenlernen, mehr von ihrem Leben und den einzelnen Lebensereignissen erfahren, sie deshalb verehren lernen und im besten Fall Parallelen zum eigenen (zukünftigen) Leben finden und so einen guten Weg im Leben einschlagen.

Ohne ihre Geschichte, die Ereignisse, die sie erlebt hat, den Sohn, den sie gebar, hätte die Menschheit mit weit weniger Hoffnung und Glauben leben müssen. Die Liebe der Menschheit ihr gegenüber zeigt sich auch darin, wie sehr die Menschheit ihren Sohn, Jesus Christus, liebt und verehrt. Ihre wurde die Gnade Gottes zuteil, indem ihr Gott einen Engel sandte. Diese Gnade verteilt sie weiter an die Menschen, wenn sie sie preisen und zu ihr beten.

Das Leben der allerheiligsten Gottesgebärerin und die Lehre aus diesem zeigen uns, dass der Mensch auch genügsam glücklich werden kann. Außerdem zeigt sich daraus, dass jeder Mensch es wert ist, geliebt und geachtet zu werden. Jeder Mensch soll Gnade und Liebe

---

[265] SCHMEMANN (2002), 215

erfahren und diese auch weitergeben. Indem die Menschen ihren Nächsten Gutes tun und dies in Gottes Namen tun, möchten sie Gottes Erlösung erhalten.

Insbesondere in der heutigen, modernen Gesellschaft, in welcher die Medien einen großen Stellenwert einnehmen, ist es für die Kinder besonders wichtig zu erkennen, dass trotz dieser zahlreichen Reize und Herausforderungen der Glaube stets über Jahrhunderte überlebt hat. Der Glaube ist kein leeres Versprechen. Die Wirkung des Glaubens wurde uns über Jahrhunderte erwiesen. Der Glauben kann dem Menschen helfen, den Lebensweg zu meistern und in Frieden mit den Mitmenschen zu leben. Er unterstützt die Menschen bei fröhlichen und schwierigen Lebenssituationen. Die Feste verbinden die Familien mit der Kirche, Gebete können den Menschen besänftigen, trösten und ihm Hoffnung schenken. Somit bringt die Religion den Menschen viel Gutes und Wünschenswertes. Gott hat den Menschen aus seiner großen Liebe zu ihnen die Freiheit geschenkt. Seine Absicht war es, dass der Mensch nicht zwingend, sondern aus freien Stücken seinem Weg folgte. Es hat sehr lange gedauert, bis Gott zum Menschen wurde und bis so der göttliche Wille erfüllt wurde.[266]

Im heutigen Religionsunterricht ist die Auswahl der Lehrmethode, mit welcher der Themenbereich dieser Arbeit, das Thema der allerheiligsten Gottesgebärerin, aufbereitet werden soll, und die Auswahl der Medien welche für die Aufbereitung notwendig sind, sehr wichtig. Jede Lehrperson muss für sich selbst entscheiden, welche ihr oder ihm am ehesten zusagt und passend ist. Nach Auswahl der Methode ist zu empfehlen die Präsentation bzw. den Vortrag interessant für die Schüler vorzubereiten. Dh. die Unterlagen der Lehrkraft sollten gut und verständlich strukturiert sein und die Unterrichtsstunden sollten abwechslungsreich und vielseitig konzipiert werden, sodass die Schülerinnen und Schüler interaktiv mitlernen können.[267]

Durch verschiedene Übungsmöglichkeiten, wie Fragen und Antworten, Vorzeigen, Beobachten, Erzählungen, etc. entsteht eine modifizierte Art der Unterrichtsform, die auch eine Sozialisation der Gruppe bewirkt. Neben diesen Übungsmethoden spielen besonders im Religionsunterricht Bilder eine bedeutende Rolle. Bilder werden in drei Formen unterteilt: in Abbilder, Sinnbilder und logische analytische Bilder. Für den Religionsunterricht sind Ab- und Sinnbilder bedeutsam. Abbilder dienen uns dazu, Texte in Bildform wiederzugeben. Sinnbilder geben Symbole und Kunst wieder. Bilder helfen dem Menschen Zusammenhänge schnell zu begreifen. So kann auch jede/r SchülerIn ein Bild unterschiedlich interpretieren.

---

[266] vgl. SVETI FILARET MOSTOWSKI (2002), 10
[267] vgl. WEIDMANN et al (2002), 366

Dies soll den Schülerinnenn und Schülern auch helfen, ihre eigenen Erfahrungen in Worte zu fassen, indem sie Bilder interpretieren.[268]

Meiner Erfahrung nach ist es für die Aufbereitung des Themas der allerheiligsten Gottesgebärerin sehr hilfreich, die Lebenserfahrung der Schülerinnen und Schüler in den Unterricht mit einfließen zu lassen. Dadurch könnten sich Parallelen bzw. Zusammenhänge mit der Geschichte der allerheiligsten Gottesgebärerin bilden, welche den Schülerinnen und Schülern helfen würden, das Thema besser zu verstehen und sich auch langfristig einzuprägen.

---

[268] vgl. WEIDMANN et al (2002), 319ff

5 Literaturverzeichnis:

- ANGST, Peter (2007): Wenn Eltern nicht erziehen, sind Kinder chancenlos, Zytglogge Verlag, 3. Auflage
- ATANASIJE, episkop banatski (1973): Zitije Svetih za avgust, Celije stampa, Valjevo
- ATANASIJE, episkop banatski (1973): Zitije Svetih za mart, Celije stampa, Valjevo
- ATANASIJE, episkop banatski (1973): Zitije Svetih za novembar, Celije stampa, Valjevo
- ATANASIJE, episkop banatski (1973): Zitije Svetih za oktobar, Celije stampa, Valjevo
- ATANASIJE, episkop banatski (1973): Zitije Svetih za septembar, Celije stampa, Valjevo
- BASDEKIS, Athanasios (2003): Die orthodoxe Kirche, Eine Handreichung für nicht-orthodoxe und orthodoxe Christen und Kirchen, Otto Lembeck Verlag, Frankfurt am Mein
- BITTER, Gottlieb/ENGELT, Rudolf/MÜLLER, Gabriele/NIPKOW, Karl Ernst (2002): Neues Handbuch religionspädagogischer Grundbegriffe, Kösel-Verlag München in der Verlagsgruppe Random Hous GmbH, München
- BOSOLD, Iris/KLIEMANN, Peter (2003): Ach, Sie unterrichten Religion; Methoden, Tipps und Trends, Calwer Verlag/Stuttgart und Kösel Verlag GmbH, München
- DANILO, Episkop/ AMFILOHIJE, Episkop (1988): Nema lepse vere od hriscanske, Kosmos, Vrsac
- DIE BIBEL (1980): Einheitsübersetzung Altes und Neues Testament, Herder- Freiburg Wien, Basel, Katholische Bibelanstalt GmbH, Stuttgart
- DIE BIBEL in kurzen Erzählungen (2009): Zur Verwendung für den orthodoxen Religionsunterricht an Volksschulen in Österreich, Österreichische Bibelgesellschaft, Wien
- Übersetzung von SHY-HEGUMAN Vasilije (Grolimund) und Mönch ISIDOR (Sifkes) (2001): Die göttliche Liturgie mit dem Segen seiner Eminenz Konstantin Bischof für Mitteleuropa, Himmelstür
- COYNE, Lisa W./MURREL, Amy R. (2011): Freude am Elternsein – Mut zum Erziehen: Hilfen für einen achtsamen und wirksamen Umgang mit ihrem Kind, Huber, Bern
- DOMMEL, Christa (2001): Religionen kennen lernen: Christentum, Verlag an der Ruhr

Mühlheim an der Ruhr

- DÖPMANN, Hans Dieter (1991): Die Orthodoxen Kirchen, Verlags - Anstalt, Union Berlin GmbH,

- EKSCHMITT, Werner (1994): Berg Athos – Geschichte Leben und Kultur der griechischen Mönchrepublik, Herder/ Freiburg/Basel/Wien

- EVDOKIMOV, Paul (1989): Die Frau und das Heil der Welt, Brendow/Kaffke Verlag, Moers

- EVMERIUS von Lefka u.a. Heraus (1999): Die Orthodoxe Kirche, Eine Standortbestimmung an der Jahrtausendwende Festschrift für Anastasios Kallis Herausgegeben, Verlag Otto Lembeck, Frankfurt am Mein

- FELMY, Karl Christian (1990): Die orthodoxe Theologie der Gegenwart eine Einführung, Darmstadt Wiss, Buchges

- FILARET, Sveti moskovski (2002): Presveta Bogorodica u Svetom pismu i predanju crkve, Cetinje

- FISCHER, Helmut (1996): Die Welt der Ikonen, Das Religiöse Bild in der Ostkirche, Insel Verlag, Frankfurt am Main und Leipzig

- GALITIS, Georg /MANTZARIDIS, Georg /WIETZ, Paul (2000): Glauben aus dem Herzen, Eine Einführung in die Orthodoxi,4 überarbeitete Auflage TR-Verlagsunion ,1987 München

- GESCHICHTE der Wundertätigen Ikone der Allheiligsten Gottesgebärerin (1996): „ Trojerucica, Kloster Hilandar"

- HAUSTEIN, Bartsch, Eva (1995): Ikonen, eines Stiftung für das Ikonen – Museum Recklinghausen und die Autorin

- HOENRY – JUNG, Helene (1991): Maria, Bild des Weiblichen, Ikonen der Gottesgebärerin, München, Kösel Verlag

- HOPKO, Tomas (1991): Pravoslavna vera, Prva knjiga, osnovni prirucnik o pravoslavnoj crkvi, Kragujevac

- HURRELMANN, Klaus/UNVERZAGT, Gerlinde (2000): Kinder stark machen für das Leben: Herzenswärme, Freiräume und klare Regeln, 3. Auflage (7. Gesamtauflage), Gerder, Freiburg im Breisgau

- JANDROKOVIC, Marija (2007): Deutsch – serbisches und serbisch- deutsches theologisches Wörterbuch, Verlag Hriscanski kulturni centar, Beograd

- JUSTIN, prepodobni Celijski (1999): Akatisti, slog „AC", Beograd

- KOLUNDZIC, Dusan (1994): Bogosluzenje pravoslavne Crkve, Verlag Nürnberg

- KUBUROVIC, Zorica (1999): Put zene, Grafopres, Trebinje

- LARINTZAKIS, Grigorios (2001): Die Orthodoxe Kirche, Ihr Leben und Ihr Glaube, Styria/Graz/Wien/Köln

- LEHRPLAN für den orthodoxen Religionsunterricht an Volksschulen (2008), Grandschule(1. Bis 4. Stufe der Volkschule)

- LEHRPLAN für den orthodoxen Religionsunterricht an Volksschulen (2010): Allgemeinbildenden Höheren Schulen, Hauptschulen und Polytechnischen Schulen

- LORGUS, Andrej/DUDKO, Mihael (2001): Orthodoxes Glaubensbuch, Eine Einführung in des Glaubens und Gebetsleben der Russischen Orthodoxen Kirche, Verlag der Christliche Osten Würzburg

- MAJENDORF, Dzon (1989): Vizantijsko bogoslovlje, Kalenic, Kragujevac

- MEHRER orthodoxe Theologen (2002): Gott ist lebendig, Theopano Verlag, Münster

- MENDL, Hans (2005): Lernen an (außer-) gewöhnlichen Biografien. Religionspädagogische Anregungen für die Unterrichtspraxis, Auer, Donauwörth

- MENDL, Hans (2006): Lernen an (außer-) gewöhnlichen Menschen, in: KatBl 131 (2006) 1, S. 8-13; http://wwws.phil.uni-passau.de/local_heroes/pdf_literatur/Lernen_aussergewoehnlichen_Menschen.pdf (25.09.2013)

- MIKLUSCAK, Pavel/DURA, Nicolae/SOBREIRA-MAJER, Alfred Garcia (2013): Heilige aus ökumenischer Perspektive in: Das Wort – Evangelische Beiträge zu Bildung und Unterricht Amann, Lars/Miklas, Helene/Politt, Helmar-Ekkehart/Schelander, Robert (Hg.), Jahrgang 67, Nr.1/2013, S. 9ff, Evangelischer Presseverband Wien

- MILOSEVIC, Dr Radomir (2004): Pravoslavna eortologija, AD „Dimitrije Davidovic", Smederovo

- MIRKOVIC, Dr Lazar (1985): Pravoslavna liturgika, Beograd

- MIRKOVIC, Dr Protoprezviter Lazar (1982): Pravoslavna liturgika ili nauka o bogosluzenju pravoslavne istocne crkve – prvi opsti deo po liturgici Dr Vasilija Mitrofanovica i Dr Teodora Tarnavskog, Beograd

- Molitve majci Bozijoj i svetima (2006), Hram Vaznesenja Gospodnjeg, Bolec, Beograd

- NIKOLAOU, Teodon (1995): Askese, Mönchtum und Mystik in der Orthodoxen Kirche, EOS Verlag, Erzabteil, ist. Ottilien

- NOUWEN, Henri/ DYCKHOFF Peter (2007): Bilder göttlichen Lebens, Ikonen schauen und beten, Verlag Herder Freiburg in Breisgau

- PAVLE, arhiepiskop finski (1984): Nasa vera, Izdavacka ustanova Srpske pravoslvne Eparhije sumadijske, Kalenic, Kragujevac

- PENO, Dr M. Zdravko (2002); Katihizis - Osnove Pravoslavne Vere, Stamparija Mitropolije Crnogorsko- Primorske „Sv.Vasilije Ostroski"

- PLUTA, Alfons SVD (1997): Gegreist seist du begnadete, Der Akathistos, Hymnus, Östkirchlicher Mariologie zur Mediation im Kontext von Schrift und Tradition, by Elisabeth Stiglmayer

- POPOVIC, arhimandrit dr Justin/ ARSIC, Hadzi Velimir(1995): Tajne vere i zivota (osnovno Bogoslovlje), Pravoslavna hriscanska zajednica, Kosmos, Beograd

- PRAVOSLAVNI MOLITVENIK (1993): Stamparija Srpske pravoslavne Patrijarsije, Beograd

- PRAVOSLAVNI MOLITVENIK (2001) Pravoslavna crkvena opstina Linz, Stampa-Grafika Sabac, Sabac

- RANKOVIC, mr. Ljubomir (2008): Zena, Ikona Crkve i blago sveta, Aleksandrija, Valjevo

- RANKOVIC, Protodjakon Ljubomir (1993): Veronauka, Stampa RO „Dragan Srnic" Sabac

- RODITELJI, naucite decu hriscanskom zivotu (2000): Svetigora, izdavacka ustanova mitropolije crnogorsko primorske, Cetinje

- SCHMEMANN, Aleksandar (2011): Die Mutter Gottes, 2. Auflage, Johanes Verlag, Einsiedeln, Freiburg

- SCHMEMANN, Alexandar (2011): Russische am Radiosende Freies Europa, Johanes Verlag, Einsiedeln, Freiburg 2010

- SIGG, Stephan (2009): Lebendige Tafelbilder Religion – Sekundärstufe I, Auer Verlag GmbH, Donauwörth

- SCHMEMANN, Protoprezviter Aleksandar (2007): Nas zivot u Hristu, Hristov zivot u nama, izabrane besede, eseji i studije iz dnevnika 1973-1983, Beograd

- SCHMEMANN, Aleksandar (1992): Liturgija i zivot, izdaje Mitropolija Crnogorsko-primorskog I skenderijskog amfilohija, Obod, Cetinje

- SCHMEMANN, Aleksandar (1996): Posle ove godine, verujem, Cetinje

- SCHMEMANN, Protojerej Aleksandar (1996): Tajne praznika, praznici pravoslavne crkvene godine, Cetinje

- STAIKOS, Mitropolit Mihail (2000): Auferstehung – von erlebter orthodoxer Spiritualität, 1. Auflage, Verlag EVP, Wien

- SVETA liturgija 1-4 (1997): Pravoslavni misionar, stamparija Srpske patrijarsije Beograd

- TAMCE, Martin (2004): Die Orthodoxe Christentum Verlag C.H. Bech oHG, München

- TAMCE, Martin (2007): Achtsamkeit in jedem Atemzug, Einführung in die Öst kirchliche Spiritualität, Verlagsgemeinschaft, Topos plus, Kevelaer

- TAMCE, Martin (2008): Im Geist des Ostens Leben, Orthodoxe Spiritualität und Ihre Aufnahme im Westen eine Einführung, Verlag der Weltreligionen im Insel Verlag, Frankfurt am Main und Leipzig

- VELIMIROVIC, Hl. Nikolaj (2008): Der Glaube der orthodoxen – Christen, Ein Katechetisches Handbuch der orthodoxen Kirche, Priesterrat, der Serbischen orthodoxen Diözese für Mitteleuropa

- VLADIKA Nikolaj (2000): Ohridski prolog, Glas Crkve, Sabac

- WEIDMANN, Fritz (2002): Didaktik des Religionsunterrichts, Ein Leitfaden von Bernhard JENDORFF/Wolfgang LENTZEN – DEISS/ORT, Barbara /REIL, Elisabet/ STAUDIGL, Günter/ WEIDMANN, Fritz, Auer Verlag GmbH, Donauwörth

- ZEITSCHRIFT (1994) Rasko – Prizrenske Eparhije za duhovni preporod, Br.1(5), GP „Novi Dani", Beograd

- ZIBAWI, Mahmoud (2003): Die Ikone Bedeutung und Geschichte Albatras - Patmos Verlag GmbH, Düseldorf

6 Internetquellenverzeichnis

http://de.academic.ru/pictures/dewiki/118/vladimirskaya.jpg (25.09.2013)

http://deutschorthodox.wordpress.com/2008/03/12/kleiner-trost-oder-bittkanon-an-die-allheilige-gottesgebarerin/ (09.06.2013)

http://sweptover.blogspot.co.at/2008/05/platytera.html (25.09.2013)

www.thchur.ch (Stand: 25.06.2013)

http://users.sch.gr/aiasgr/Theotokos_Maria/Eikonografia_2/Panagia_h_Pelagonitissa_1.htm (25.09.2013)

http://www.artflakes.com/en/products/duccio-thronende-maria-mit-kind (08.06.2013)

http://www.byzantineiconography.com/images/Platytera%20Close%20up.JPG (25.09.2013)

http://www.floga.gr/50/04/2005-6/03_2005111804de.asp (28.09.2013)

http://www.herosart.com/pages/pages_gall/9/Sveta_BogoroditzaEleusa2.jpg (25.09.2013)

http://www.icon-art.info/hires.php?lng=de&type=1&id=2215 (29.09.2013)

http://www.marienlied.de/ind-akathistos.html (18.07.2013)

http://www.spc-altena.de/latein/ebene05/eb5_us114.html (29.09.2013)

http://www.visitmaria.ru/de/glaube%D0%B2%D0%B5%D1%80%D0%B0believecroyance/ (28.09.2013)

7   Abbildungsverzeichnis

1. Abbildung:

http://www.orthodox-shop.eu/index.php/hl-gottesmutter-tricheirousa-dreihandige-oklad-ikone-silber-ornamentik-reliefiert-und-vergoldet.html (25.09.2013)

2. Abbildung:

http://www.herosart.com/pages/pages_gall/9/Sveta_BogoroditzaEleusa2.jpg (25.09.2013)

3. Abbildung:

http://de.academic.ru/pictures/dewiki/118/vladimirskaya.jpg (25.09.2013)

4. Abbildung:

http://www.byzantineiconography.com/images/Platytera%20Close%20up.JPG
(25.09.2013)

5. Abbildung:

http://sweptover.blogspot.co.at/2008/05/platytera.html (25.09.2013)

6. Abbildung:

http://www.artflakes.com/en/products/duccio-thronende-maria-mit-kind (08.06.2013)

7. Abbildung:

http://users.sch.gr/aiasgr/Theotokos_Maria/Eikonografia_2/Panagia_h_Pelagonitissa_1.ht
m (25.09.2013)

8 Anhang

8.1 Bild 1 - Thema Verkündigung[269]

8.2 Bild 2 - Maria besucht Elisabeth[270]

8.3 Bild 3 - Ikone der allerheiligsten Gottesgebärerin[271]

[271] http://www.spc-altena.de/latein/ebene05/eb5_us114.html (29.09.2013)

8.4 Bild 4 - Ikone der allerheiligsten Gottesgebärerin als Puzzle[272]

[272] Vgl. http://www.spc-altena.de/latein/ebene05/eb5_us114.html (29.09.2013)

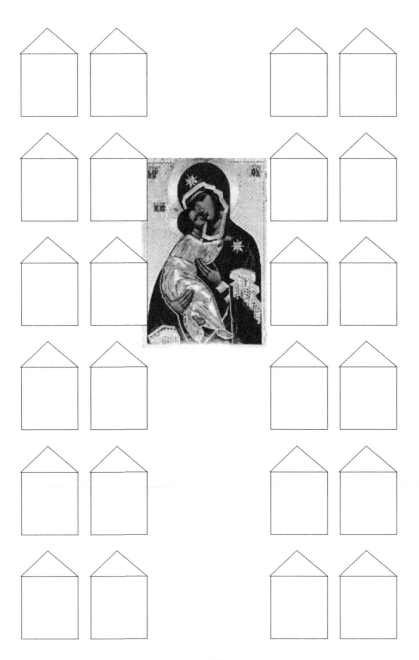

8.7 Arbeitsblatt 1

VERKÜNDIGUNG (Lk 1,26 – 38)

Auch Elisabet, deine Verwandte, hat noch in ihrem Alter einen Sohn S
empfangen, obwohl sie als unfruchtbar galt, ist sie jetzt schon im sechsten
Monat.

Im sechsten Monat wurde der Engel Gabriel von Gott in einer Stadt in M
Galiläa namens Nazareth.

Er wird groß sein und Sohn des Höchsten genannt werden, Gott, der Herr, G
wird ihm den Thron seines Vaters David geben.

Deshalb wird auch das Kind heilig und Sohn Gottes genannt werden. R

Er wird über das Haus Jakob in Ewigkeit herrschen und seine Herrschaft E
wird kein Ende haben.

Der Engel trat bei ihr ein und sagl2te: Sei gegrüßt, du Begnadete, der Herr R
ist mit dir.

Maria sagte zu dem Engel: Wie soll das geschehen, da ich keinen Mann H
erkenne?

zu einer Jungfrau gesandt. Sie war mit einem Mann namens Josef verlobt, A
der aus dem Haus David stammte. Der Name der Jungfrau Maria.

Da sagte der Engel zu ihr: Fürchte dich nicht, Maria, denn du hast bei Gott A
Gnade gefunden.

Sie erschrak über die Anrede und überlegte, was dieser Grüß zu bedeuten I
habe.

Der Engel antwortete ihr: Der Heilige Geist wird über dich kommen, und die O
Kraft des Höchsten wird dich überschatten.

Denn für Gott ist nichts unmöglich. A

Du wirst ein Kind empfangen, einen Sohn wirst du, gebären: Dem sollst du S
den Namen Jesus geben.

Da sagte Maria: Ich bin die Magd des Herrn, mir geschehe, wie du es gesagt M
hast. Danach verließ sie der Engel.

Aufgabe:

Ordne die Texte in der richtigen Reihenfolge und so die Buchstaben richtig ein. Was ergibt
die richtige Reihenfolge der Buchstaben senkrecht?

_____

8.8 Arbeitsblatt 2

Maria besucht Elisabeth

Wie kann das Gespräch zwischen Maria und Elisabeth abgelaufen
sein?

MARIA:

MARIA:

ELISABETH:

ELISABETH:

8.9 Arbeitsblatt 3

ICH MÖCHTE DIR DANKE SAGEN

Liebe/r _____!

Ich möchte dir DANKE sagen, weil

_____

_____

_____

_____

_____

Arbeitsauftrag:

_Verfasse einen kurzen Brief für jemanden, dem du besonders dankbar bist!
Schreibe ihm/ihr, wofür du dich bedankst und male schließlich die Nachricht
aus!_

8.10 Arbeitsblatt 4

Die allerheiligste Gottesgebärerin und Vorbilder

Wer ist dein Vorbild im Glauben? Begründe deine Antwort.

_____

_____

_____

Kann die allerheiligste Gottesgebärerin eine Vorbildfunktion erfüllen und stellt sie für DICH ein Vorbild dar? Begründe deine Antwort.

_____

_____

_____

Welche ihrer Eigenschaften gefällt DIR besonders und welche nicht? Begründe deine Antwort.

_____

_____

_____

Zeichne dein Vorbild ein:

8.11 Akathistos zur allerheiligsten Gottesgebärerin

Der Hymnus lautet: (Alpha bis Omega)

[Die Verkündigung des Herrn: Lk 1,26-38]

1. (alpha)

Der unter den Ersten stehende Engel
ward vom Himmel gesandt,
zu sagen der Gottesgebärerin das: „Freue
dich!".
Und mit der unkörperlichen Stimme,
da er dich körperlich werden sah, o Herr,
staunte er, und stand, indem er ihr dieses
zurief:
„Freue dich, durch welche die Freude
ausstrahlt;
Freue dich, durch welche der Fluch
schwindet!
Freue dich, des gefallenen Adam
Wiederberufung;
Freue dich, Erlösung der Eva von den
Tränen!
Freue dich, für menschliche Fassungskraft
unerklimmbare Höhe;
Freue dich, selbst für die Augen der Engel
unabsehbare Tiefe!
Freue dich, weil du bist der Sitz des
Königs;
Freue dich, weil du trägst den Träger des
Alls!
Freue dich, Stern, der die Sonne erleuchtet;
Freue dich, Schoß der göttlichen
Fleischwerdung!
Freue dich, du, durch welche die
Schöpfung erneuert wird;
Freue dich, du, durch welche der Schöpfer
ein Kind wird!
Freue dich, du nie vermählte Braut!"

2. (beta)

Da die Heilige sich selbst in Unschuld sah,
sprach sie freimütig zu Gabriel:
Das Unglaubliche deiner Rede erscheint
meiner Seele unannehmbar:
denn wie sprichst du von einer
Schwangerschaft
aus samenloser Empfängnis?
Rufend: „Alleluja!"

3. (gamma)

Die unerkennbare Erkenntnis zu erkennen
suchend
sagte die Jungfrau zu dem Diensttuenden:
„Wie ist es möglich,
aus unschuldigem Schoße einen Sohn zu
gebären?
Sage mir!" Zu ihr sprach jener in (Ehr-)
Furcht,
gleichwohl also rufend:
„Freue dich, in den unaussprechlichen
Ratschluss Eingeweihte;
Freue dich, Vertrauen derer, welche der
Ruhe bedürfen.
Freue dich, Anfang der Wunder Christi;
Freue dich, du Inbegriff seiner Lehren!
Freue dich, himmlische Leiter, auf welcher
Gott herabstieg;
Freue dich, Brücke, welche die Bewohner
der Erde zum Himmel führt!
Freue dich, vielbesprochenes Wunder für
die Engel;
Freue dich, tränenbringende Wunde der
Dämonen!
Freue dich, die du unaussprechlich das
Licht gebarst;
Freue dich, die du das Wie niemanden
lehrtest!
Freue dich, die du die Erkenntnis der
Weisen überschreitest;
Freue dich, die du den Sinn der Gläubigen
erleuchtest!
Freue dich, du nie vermählte Braut!"

4. (delta)

Die Kraft des Allerhöchsten überschattete damals
zur Empfängnis die mit der Ehe Unbekannte,
und erwies ihren fruchtbaren Schoß
als leiblichen Acker für alle,
welche ernten wollen das Heil,
indem sie also singen: „Alleluja!"

[Maria besucht Elisabeth: Lk 1,39-56]
5. (epsilon)

Nachdem sie im Mutterschoß Gott empfangen hatte,
eilte die Jungfrau zu Elisabeth:
das ungeborene Kind jener aber,
sofort ihren Gruß erkennend,
freute sich und mit Springen, wie mit Singen,
rief es (das Kind) zur Gottesgebärerin:

„Freue dich, Weinstock der unverwelklichen Rebe;
Freue dich, die du die unversehrte Frucht erhalten hast!
Freue dich, die du den Acker der Erlösung vorbereitet hast;
Freue dich, die du den menschenliebenden Erzeuger unseres Lebens auf die Welt gebracht hast!
Freue dich, Feld, das erblühen läßt die Frucht der Erbarmungen;
Freue dich, Tisch, welcher trägt die Fülle der Gnaden!
Freue dich, weil du die Weide der Wonne aufsprießen lässt;
Freue dich, weil du den Hafen unserer Seelen bereitest!
Freue dich, angenehmes Rauchwerk der Fürbitte;
Freue dich, Versöhnung der ganzen Welt!
Freue dich, Wohlgefallen Gottes gegen die Sterblichen;
Freue dich, Zuversicht der Sterblichen zu Gott!
Freue dich, du nie vermählte Braut!".
„Alleluja!"

8. (theta)

Den zu Gott eilenden Stern betrachtend,
folgten die Magier seinem Glanze nach;

[Die Zweifel des heiligen Josef: Mt 1,18-21]

6. (zeta)

Den Wogenschwall zweifelnder Gedanken im Innern habend,
ward der weise Joseph bestürzt,
als er auf dich, die Unvermählte blickte und argwöhnte,
du habest dich unsittlich vermählt, o Untadlige;
als er aber erfahren hatte von deiner Empfängnis aus dem Heiligen Geiste,
sprach er: „Alleluja!"

[Die Anbetung der Hirten, Lk 2,8-20]

7. (eta)

Es vernahmen die Hirten von den lobsingenden Engeln
die Ankunft Christi im Fleische;
und eilend zu ihm, als zu dem Hirten,
erblicken sie denselben als ein fehlerloses Lamm,
welches geweidet wird auf dem Schoße Mariens,
welche besingend sie sprachen:

„Freue dich, Mutter des Lammes und der Hirten;
Freue dich, Hürde der vernünftigen Schafe!
Freue dich, Schutzwehr gegen die unsichtbaren Feinde;
Freue dich, Erschließung der Tore des Paradieses!
Freue dich, weil die Himmlischen frohlocken mit der Erde;
Freue dich, weil die Irdischen jubeln mit den Himmeln!
Freue dich, nie schweigender Mund der Apostel;
Freue dich, unbesiegbarer Mut der den Kampfpreis Erringenden!
Freue dich, starke Stütze des Glaubens;
Freue dich, strahlende Erkenntnis der Gnade!
Freue dich, du, durch welche der Hades entblößt ward;
Freue dich, du, durch welche wir bekleidet wurden mit Herrlichkeit!
Freue dich, du nie vermählte Braut!

und ihn wie eine Leuchte benutzend,
erkundeten sie durch ihn den machtvollen
König;
und zuvorkommend ihm, dem niemand
zuvorkommen kann,
freuten sie sich, indem sie ihm zuriefen:
„Alleluja!"

[Die Anbetung der hl. drei Könige, Mt 2,1-12]

9. (jota)
Es sahen die Söhne der Chaldäer
in den Händen der Jungfrau den,
der mit der Hand die Menschen schuf;
und als Gebieter ihn erkennend, trotzdem er
Knechtsgestalt annahm,
eilten sie, durch Geschenke (ihm) zu
dienen,
und zu rufen der Gesegneten:

„Freue dich, des unnahbaren Sternes
Mutter;
Freue dich, Glanz des geheimnisvollen
Tages!
Freue dich, die du löschest den
Flammenofen des Truges;
Freue dich, die du erleuchtest die in die
Geheimnisse der Dreifaltigkeit
Eingeweihten!
Freue dich, die du den unmenschlichen
Gewaltherrscher aus der Herrschaft
gestoßen,
Freue dich, die du den menschenliebenden
Herrn geneigt hast, Christum!
Freue dich, du Befreierin vom heidnischen
Religionsdienste;
Freue dich, du Retterin von den Werken der
Unreinigkeit!
Freue dich, die du die Anbetung des Feuers
beseitigtest,
Freue dich, die du die Glut der
Leidenschaften entfernst!
Freue dich, Wegweiserin der Klugheit der
Gläubigen;
Freue dich, Freude aller Geschlechter!
Freue dich, du nie vermählte Braut!"

[Die Darstellung im Tempel, Lk 2,25-35]

10. (kappa)
Die zu gotttragenden Verkündigern
gewordenen Magier
kehrten nach Babylon zurück,
deinen Auftrag vollziehend,
und dich allen als den Gesalbten
verkündigend,
nachdem sie den Herodes als Toren
zurückgelassen hatten,
welcher nicht zu singen wusste: „Alleluja!"

[Die Flucht nach Ägypten, Mt 2,13-15]

11. (lambda)
Indem du strahlen ließest in Ägypten
die Erleuchtung der Wahrheit,
verfolgtest du das Dunkel der Lüge;
denn die Götzenbilder derselben, o Heiland,
fielen,
da sie deine Kraft nicht ertrugen.
Die von ihnen Befreiten aber riefen zur
Gottesgebärerin:

„Freue dich, Wiederaufrichtung der
Menschen;
Freue dich, Fall der Dämonen!
Freue dich, die du den Irrwahn des Truges
zertreten hast;
Freue dich, die du die Verlockung der
Götzenbilder zuschanden gemacht hast!
Freue dich, Meer, welches versenkt hat den
geistigen Pharao;
Freue dich, Fels, welcher getränkt hat die
Dürstenden mit Leben!
Freue dich, Feuersäule, welche den Weg
weiset den in der Finsternis Befindlichen.
Freue dich, Decke der Welt, breiter denn
eine Wolke!
Freue dich, nachfolgende Nahrung des
Manna;
Freue dich, Tafeldienerin des heiligen
Mahles!
Freue dich, du Land der Verheißung;
Freue dich, du, aus welcher Honig und
Milch fließt!
Freue dich, du nie vermählte Braut!"

[Thematischer Teil: das Mysterium der Menschwerdung des Schöpfers]

12. (my)

Als Simeon im Begriff war, aus dem
gegenwärtigen trügerischen Zeitalter
in das Jenseits hinüberversetzt zu werden,
wurdest du ihm als Säugling übergeben,
aber erkannt von ihm auch als
vollkommener Gott.
Deswegen staunte er über deine
unaussprechliche Weisheit,
indem er ausrief: „Alleluja!"

14. (xi)

Die fremdartige Geburt sehend,
werden wir entfremdet der Welt,
indem wir den Sinn in den Himmel
hinüberversetzen.
Denn deshalb erschien der hocherhabene
Gott auf Erden
als demütiger Mensch, da er emporziehen
wollte zur Höhe
die zu ihm Rufenden: „Alleluja!"

15. (omikron)

Gänzlich war bei den Unteren, und von den
Oberen
durchaus nicht entfernt das
unbeschreibliche Wort.
Denn eine göttliche Herabkunft,
nicht eine räumliche Entfernung war es,
und Geburt aus der Jungfrau,
welche Gott empfing und dieses hörte:

„Freue dich, Raum des über den Raum
erhabnen Gottes;
Freue dich, des ehrwürdigen Geheimnisses
Tor!
Freue dich, der Ungläubigen zweifelhafte
Kunde;
Freue dich, der Gläubigen zweifelloser
Stolz!
Freue dich, allheiliger Wagen des über den
Cherubim Thronenden;
Freue dich, allervorzüglichstes Gemach des
über den Seraphim Thronenden!
Freue dich, die du die Gegensätze zu Einem
zusammenführst;
Freue dich, die du die Jungfräulichkeit und
Mutterschaft vereinigst!
Freue dich, vergänglich geworden ist durch
dich unser Vergehen;
Freue dich, du, durch welche das Paradies

13. (ny)

Eine neue Schöpfung zeigte uns der
Schöpfer,
erscheinend uns, den durch ihn
Gewordenen,
aufblühend aus unbesätem Mutterschoße,
und denselben unversehrt, wie er war,
bewahrend;
auf dass wir, das Wunder sehend
sie besingen mögen, indem wir rufen:

„Freue dich, du Blume der
Unverweslichkeit;
Freue dich, du Kranz der Enthaltsamkeit!
Freue dich, die du hervorstrahlen lässest ein
Vorbild der Auferstehung;
Freue dich, die du darstellst das Leben der
Engel!
Freue dich, herrliche Frucht tragender
Baum, von welchem die Gläubigen ernährt
werden;
Freue dich, mit schattigem Laub
geschmücktes Holz, von welchem viele
überdeckt werden
Freue dich, welche du im Schoße trägst
den, der den Verirrten den Weg weist;
Freue dich, die du den Befreier geboren
hast, den Kriegsgefangenen!
Freue dich, du Besänftigung des gerechten
Richters;
Freue dich, du Vergebung für viele Sünden!
Freue dich, du Kleid der von Zuversicht
Entblößten;
Freue dich, du alles Liebessehnen
besiegende Zärtlichkeit!
Freue dich, du nie vermählte Braut!"

16. (pi)

Die ganze Natur der Engel
staunte über das große Werk deiner
Menschwerdung
Denn ihn, den als Gott Unnahbaren,
sahen sie als allen nahbaren Menschen,
welcher mit uns lebte,
von allen aber hörte (er) das: „Alleluja!"

17. (rho)

Die wortreichen Redner sehen wir stumm
wie Fische
über dich, Gottesgebärerin;
denn sie vermögen nicht zu sagen,

geöffnet wird!
Freue dich, du Schlüssel des Reiches
Christi;
Freue dich, Hoffnung der ewigen Güter!
Freue dich, du nie vermählte Braut!"

18. (sigma)

Da der Ordner des Alls die Welt erlösen
wollte,
kam er im eigenen Auftrage zu derselben;
und obwohl er Hirt war als Gott,
erschien er unsertwegen als Mensch nach
unserer Art;
denn durch Gleiches das Gleiche rufend,
hörte er als Gott: „Alleluja!"

19. (tau)

Eine Mauer bist du der Jungfrauen,
Gottesgebärerin, Jungfrau,
und aller derer, die zu dir ihre Zuflucht
nehmen,
denn der Schöpfer des Himmels und der
Erde
überschattet dich, Allreine,
Wohnung nehmend in deinem
Mutterschoße,
und alle lehrend, zu dir zu rufen:

„Freue dich, du Säule der Jungfräulichkeit;
Freue dich, du Pforte der Erlösung!
Freue dich, Urheberin der geistigen
Wiederherstellung;
Freue dich, Spenderin der göttlichen
Gütigkeit!
Freue dich, denn du hast wiedergeboren die
in Schande Empfangenen;
Freue dich, denn du hast mit Vernunft
begabt die der Vernunft Beraubten!
Freue dich, die du den Verderber der
Herzen vernichtet hast;
Freue dich, die du den Säer der Unschuld
geboren hast!
Freue dich, Brautgemach der unbesäten
Vermählung;
Freue dich, die du die Gläubigen dem
Herrn verbindest!
Freue dich, du vorzügliche Pflegerin der
Jungfrauen;
Freue dich, du Brautschmückerin der
heiligen Seelen!

wie du Jungfrau bliebst
und doch imstande warst zu gebären;
wir aber rufen, indem wir das Geheimnis
bewundern, gläubig:

„Freue dich, Gefäß der Weisheit Gottes;
Freue dich, Schatzkammer seiner
Vorsehung!
Freue dich, die du die Weisen als Unweise
erweisest;
Freue dich, die du die Kunstverständigen
als Unverständige zuschanden werden
lässest!
Freue dich, weil zu Narren wurden die
schrecklichen Grübler;
Freue dich, weil vernichtet wurden die
Märchenerfinder!
Freue dich, die du die listigen Anschläge
der Feinde zerrissen hast;
Freue dich, die du die Netze der Fischer
gefüllt hast!
Freue dich, die du emporziehst aus der
Tiefe der Unwissenheit;
Freue dich, die du viele in der Erkenntnis
erleuchtest!
Freue dich, du Boot für die, welche gerettet
werden wollen;
Freue dich, du Hafen der Schiffer des
Lebens!
Freue dich, du nie vermählte Braut!"

20. (ypsilon)

Kein Lobgesang, der sich bemüht, sie
darzulegen,
kommt gleich der Fülle deiner vielen
Erbarmungen
denn wenn wir auch Lieder an Zahl dem
Sande gleich darbrächten,
heiliger König, nichts würden wir
vollbringen,
würdig dessen, das Du uns gabst,
die wir zu dir rufen: „Alleluja!"

21. (phi)

Als lichtbringenden Leuchter,
welcher den in der Finstemis Befindlichen
glänzt,
sehen wir die heilige Jungfrau;
denn indem sie das übersinnliche Licht
angezündet,
führt sie alle zur göttlichen Erkenntnis,

Freue dich, du nie vermählte Braut!"

22. (chi)
Indem der Schuldentilger aller Menschen
Gnade geben wollte für die Schulden der
Vorzeit,
ward er deshalb heimisch bei denen,
welche die Heimat seiner Gnade verlassen
hatten.
Und nachdem er den Schuldschein
zerrissen hat,
hört er von allen also: „Alleluja!"

23. (psi)
Indem wir dein Kind besingen,
preisen wir dich alle als den beseelten
Tempel, o Gottesgebärerin!
Denn, der in deinem Mutterschoße wohnte,
der Herr, der alles mit der Hand
zusammenhält,
heiligte, verherrlichte dich,
lehrte alle, zu dir (zu) rufen:

„Freue dich, Zelt Gottes und des Wortes;
Freue dich, Heilige, größer als die
Heiligen!
Freue dich, durch den Geist vergoldete
Lade;
Freue dich, unerschöpflicher Schatz des
Lebens!
Freue dich, kostbares Diadem der frommen
Könige;
Freue dich, ehrwürdiger Ruhm der
gottesfürchtigen Priester!
Freue dich, unerschütterlicher Turm der
Kirche;
Freue dich, unzerstörbare Mauer des
Reiches!
Freue dich, du, durch welche die
Siegeszeichen erweckt werden;
Freue dich, du, durch welche die Feinde
niedersinken!
Freue dich, du Heilung meines Leibes;
Freue dich, du Erlösung meiner Seele!
Freue dich, du nie vermählte Braut!" [274]

durch den Strahlenglanz die Vernunft
erleuchtend, gepriesen durch diesen Zuruf:

„Freue dich, Strahl der geistigen Sonne;
Freue dich, Pfeil des unnahbaren Lichtes!
Freue dich, Blitz, der die Seelen erleuchtet;
Freue dich, die du wie im Gewitter die
Feinde niederschmetterst!
Freue dich, weil du das helle Licht
hervorgebracht hast;
Freue dich, weil du den reichfließenden
Strom hervorquellen ließest!
Freue dich, die du die Gestalt des Bades
geformt hast;
Freue dich, die du die Unreinigkeit der
Sünde hinwegnahmst!
Freue dich, Waschgefäß, das die Gewissen
reinigt;
Freue dich, Mischkrug, der Freude spendet!
Freue dich, Duft des Wohlgeruches Christi;
Freue dich, Du Leben des geheimnisvollen
Gastmahls!
Freue dich, du nie vermählte Braut!"

24. (omega)
O allbesungene Mutter,
die du das heiligste Wort aller Heiligen
geboren hast,
erlöse jetzt, die Darbringung annehmend,
alle von allem Unglück,
und befreie von der zukünftigen Strafe
diejenigen
welche zusammen rufen: „Alleluja!"

---

[274] http://www.marienlied.de/ind-akathistohtml

8.12 Kleiner Trost- oder Bittkanon an die allheilige Gottesgebärerin

1. Ode

Allheilige Gottesgebärerin, erlöse uns.

Von vielen Versuchungen umfangen, zu dir flüchte ich mich Rettung suchend, o Jungfrau und Mutter des Wortes; erlöse mich von Bürden und Schrecken.

Allheilige Gottesgebärerin, erlöse uns.

Der Ansturm der Leidenschaften erschüttert mich; erfüllt ist meine Seele mit Mutlosigkeit. O allreine Jungfrau, gewähre Frieden durch die Ruhe, welche von deinem Sohn und Gott ausgeht.

Ehre sei dem Vater und dem Sohn und dem Heiligen Geist.

O Jungfrau, die du Gott den Erlöser geboren hast, dich flehe ich an, mich von Nöten zu erlösen, denn zu dir nehme ich meine Zuflucht und vor dir breite ich meine Seele und meine Gedanken aus.

Jetzt und immerdar und von Ewigkeit zu Ewigkeit. Amen.

Würdige, Gottesmutter, meinen kranken Körper und meine kranke Seele deiner göttlichen Aufsicht und Fürsorge, als Gütige und Gebärerin des Guten.

3. Ode

Allheilige Gottesgebärerin, erlöse uns.

Dich nehme ich als Schutz und Schirm meines Lebens, jungfräuliche Gottesgebärerin. Lenke mich zu deinem Hafen, Urheberin alles Guten, Halt der Gläubigen, einzig Allbesungene.

Allheilige Gottesgebärerin, erlöse uns.

Ich bitte dich inständig, Jungfrau, verscheuche die seelische Beunruhigung und den Ansturm der Verzagtheit von mir, denn du, Gottesbraut, hast Christus, den Spender der Ruhe, geboren, einzig Allreine.

Ehre sei dem Vater und dem Sohn und dem Heiligen Geist.

Du hast uns den Wohltäter, den Urheber des Guten, geboren; so lass die Fülle deiner Wohltaten für alle ausströmen, denn du vermagst alles, die du Christus, den an Stärke Mächtigen, geboren hast, Gottselige.

Jetzt und immerdar und von Ewigkeit zu Ewigkeit. Amen.

Ich bin geprüft durch arge Kraftlosigkeit und schädliche Leiden; hilf mir, Jungfrau, denn dich kenne ich als nie verarmenden und unerschöpflichen Schatz der Heilung, du Allreine.

Errette deine Diener von allem Unheil, Gottesgebärerin, denn, nach Gott, nehmen wir alle unsere Zuflucht zu dir, als zu einer unzerstörbaren Schutzmauer und Beschirmung.

Blicke barmherzig auf mein schweres körperliches Missgeschick, allbesungene Gottesgebärerin, und heile die Krankheit meiner Seele.

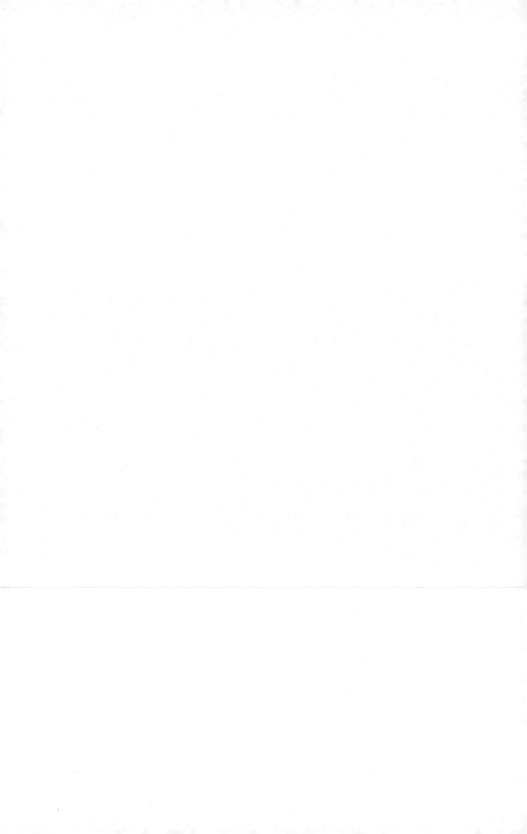

Printed in Great Britain
by Amazon

10627114R00071